NEW STYLE JAPANESE

헌팅 일본어 초급

이우석 저

Nihongo Factory

헌팅 일본어 초급

2010년 7월 21일 초판 1쇄 인쇄
2010년 8월 1일 초판 1쇄 발행

지은이 | 이우석
펴낸이 | 이종춘
펴낸곳 | 성안당
주 소 | 경기도 파주시 교하읍 문발리 출판문화정보산업단지 536-3
전 화 | 031-955-0511
팩 스 | 031-955-0510
등 록 | 1973. 2. 1. 제13-12호
홈페이지 | www.langfac.com/www.cyber.co.kr
수신자부담 전화 | 080-544-0511
내용문의 | 02-3142-0037

ISBN 978-89-315-1759-0
정가 14,000원

이 책을 만든 사람들
기획 총괄 | 조병희
책임편집 | 정지용
편집디자인 | 박정헌
일러스트 | 이지영
홍보 | 박재언
제작 | 구본철

머리말

몇 해 전부터 〈겨울연가〉, 〈대장금〉 등이 도화선이 되어 일본 · 중국 · 대만 · 베트남 등 동아시아에서 불이 붙기 시작한 우리의 문화 '한류(韓流)'는 이제 TV드라마, 영화, 대중가요, 음식, 패션, 스포츠 등 여러 분야에서 그 영역을 넓히며 세계로 번져가고 있습니다.

특히 한일 간에는 2004년부터 한국정부가 일본의 대중문화를 완전 개방함으로써 그 동안 있어 왔던 인적 · 물적 교류뿐만 아니라, 문화적 교류가 더욱 활발하게 이루어지고 있습니다. 그런데 문화적 교류가 빈번하게 이루어질수록 서로 다른 문화를 경험하게 되고, 가까이 접할수록 더욱 서로 다르구나 하는 것을 느끼게 됩니다.

여기에서 중요한 것은 문화에는 정답이 없다는 것입니다. 다만 다를 뿐입니다. 이 문화의 차이를 서로 인정하는 것이 매우 중요하며, 서로의 인정 위에 진정한 이해가 가능한 것입니다. 이러한 인정과 이해를 바탕으로 하여 국가 간 문화의 교류도 더욱 활발해질 것이며, 한류의 세계화도 빠르게 이루어질 것입니다.

한 나라의 문화와 사회현상, 그 국민의 의식구조를 정확히 파악해야 진정한 이해가 이루어지게 되는데, 그러기 위해서는 그 나라의 말과 글, 즉 언어를 알아야 한다는 것은 필수적입니다. 〈헌팅일본어〉는 일본의 문화를 알고, 일본을 이해하기 위하여 일본어를 습득하고자 하는 분에게는 좋은 교재로서 많은 도움이 될 것입니다.

회화를 중심으로 한 본문, 일상생활에 사용빈도가 높은 단어, 난이도 순서에 따른 문법 설명, 일본어 능력시험을 대비한 연습문제 등으로 구성된 것이 이 책의 특징입니다. 아무쪼록 열심히 공부하셔서 좋은 성과가 있기를 기원합니다.

끝으로 헌팅일본어가 출판되기까지 물심양면으로 많은 노력을 아끼지 않으신 니혼고 팩토리의 임직원 여러분께 깊이 감사를 드립니다.

2010년 6월 15일

저자 이 우 석 드림

목차

목차

이 책의 구성과 특징

① 기초가 튼튼한 초급 교재

〈헌팅 일본어 초급〉은 일본어 기초를 튼튼하게 하면서 가장 쉽고 재미있게 학습할 수 있도록 연구 · 기획된 교재입니다. 수 십 년 일본어 교육에 쏟아온 저자의 열정이 빚어낸 일본어 초급 교재의 진수를 느껴 보시기 바랍니다.

② 탄탄한 구성

이 교재는 모두 40과로 구성되어 있습니다. 20과와 40과에 실력 테스트를 수록함으로써 중간 평가의 기능을 추가했습니다. 각 과의 구성은 학습 POINT, 생생회화, 확실하게 이해하는 문법 이야기, 튼튼 문형 만들기, 문형으로 말하기, 생생 듣기 연습, 실력 꾹꾹 다지기(연습문제), 한국 한자 일본 한자 쉽게 익히기 등으로 구성, 말하기, 듣기, 쓰기, 문법 등의 능력이 고루 갖춰질 수 있도록 했습니다.

③ 학습 POINT

각 과는 해당 과에서 익혀야 할 핵심 내용을 제시한 '학습 POINT'로부터 시작됩니다. 수 십 년에 걸친 교육 경험을 바탕으로 넘치지도 않고 모자라지도 않은 적절한 학습량을 제시함으로써, 실속 있는 학습이 되도록 했습니다.

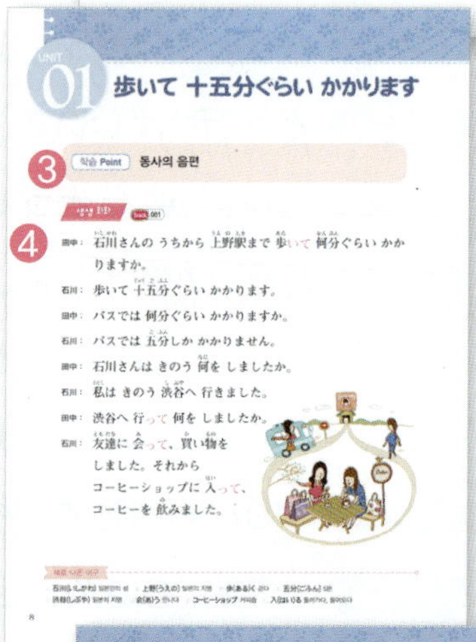

④ 생생 회화

일상생활에서 가장 많이 접하게 되는 장면을 엄선하고, 각 과에서 익혀야 할 문법 내용도 자연스럽게 녹아들어 있는 실생활 생생 회화를 제공합니다. 세련된 일러스트와 재미있는 상황 전개로 학습 효과를 더욱 높였습니다.

⑤ 확실하게 이해하는 문법 이야기

각 과에서 익혀야 할 중요 문법을 확실하게 이해할 수 있도록 자상한 해설과 명확한 예문을 제시했습니다. 한 번만 읽어도 머리에 쏙쏙 들어오는 문법 해설로 차근차근 일본어의 기초를 다져갑시다.

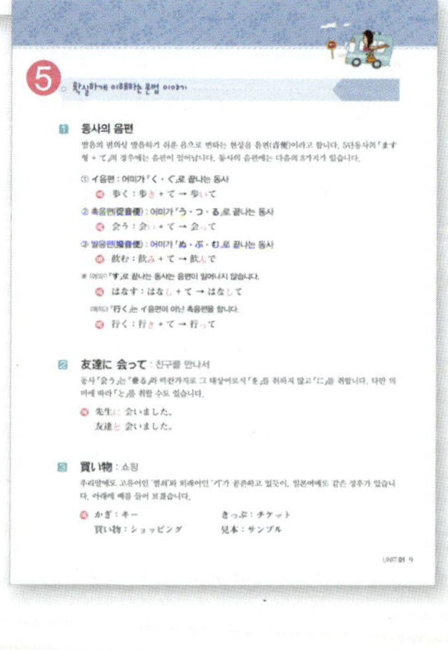

⑥ 튼튼 문형 만들기

중요 문법을 기초로 하여, 필수 예문을 익힐 수 있도록 한 코너입니다. 문형은 문법을 가장 효과적으로 익힐 수 있도록 하는 장치이면서 반복학습의 효과도 기대할 수 있습니다.

⑦ 문형으로 말하기

앞에서 익힌 문형을 토대로 짧은 대화 세 가지를 제시합니다. 일상생활 속 언제 어디에서나 짤막하게 한 마디 툭 던질 수 있는 실속 만점 회화들을 익히고, 이것을 이용해 학급 친구들과 짧은 대화도 나누어 보십시오.

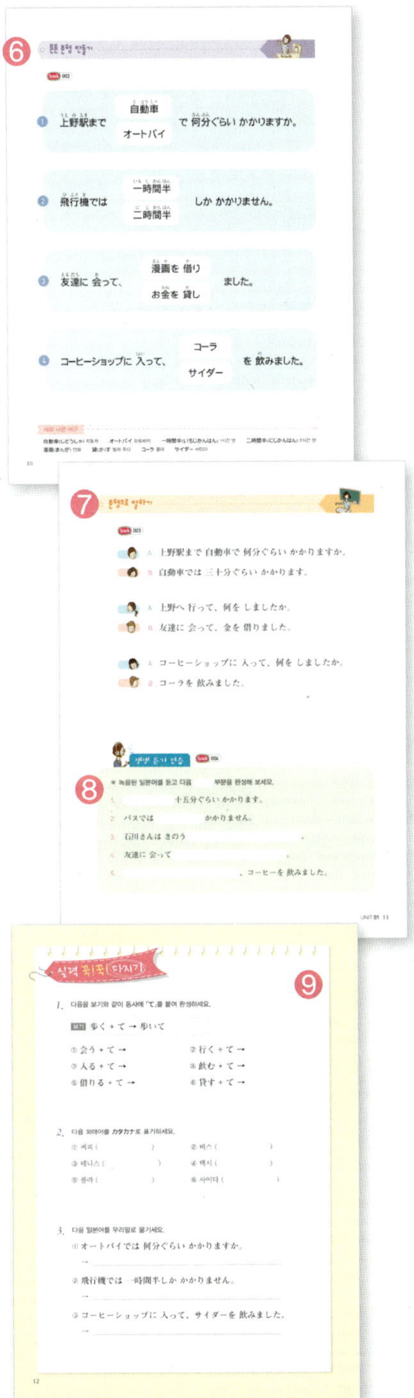

⑧ 생생 듣기 연습

외국어 학습에서 빠뜨릴 수 있는 듣기 실력을 기르는 코너입니다. 녹음을 듣고 들은 내용을 빈 칸에 적어 문장을 완성시킨 후 직접 해석도 해 봅시다. 잘 들리지 않을 때는 들릴 때까지 반복해서 들음으로써, 확실한 일본어의 음성 감각을 익히시기 바랍니다.

⑨ 실력 꾹꾹 다지기

각 과마다 연습문제를 제공합니다. 단어, 문법, 해석, 작문 등 폭넓은 범위의 문제를 골고루 수록하여 확실한 이해도 진단이 가능하도록 했습니다. 문제를 직접 풀어 보고, 틀린 문제는 다시 한 번 복습한 후, 꼭 이해하고 넘어갑시다.

⑩ 실력 테스트

모두 40과로 구성된 본 교재의 20과에 40과에 중간점검을 할 수 있도록 실력 테스트 코너를 마련했습니다. 공부를 하다 보면 오래된 내용은 쉽게 잊어지게 마련입니다. 잊어지는 내용들이 너무 많이 쌓이지 않도록 중간 실력 테스트를 꼭 풀어 보고, 잘 모르겠는 부분에 대해서는 복습하시기를 권합니다.

⑪ 부록 한국 한자 일본 한자 쉽게 익히기

일본에서도 우리와 마찬가지로 한자를 사용합니다. 그런데 일본에서는 한자의 모양을 간략하게 만든 간체자를 사용합니다. 따라서 우리나라와 한자의 모양이 조금씩 다르게 생겼습니다. 이처럼 모양이 다른 한자만을 모아 일본어 이해에 더 큰 도움이 되도록 양국 한자를 비교해서 보여 드립니다.

⑫ 해석 및 해답

생생 회화와 문법 이야기 예문의 해석의 해석을 모아 두었습니다. 또한 듣기 연습, 실력 다지기의 해답도 실었습니다. 해석을 정확한 내용 이해를 위해 참고하시고, 해답은 자신이 풀어본 답과 반드시 비교하여, 틀린 문제는 꼭 복습하시기 바랍니다.

⑬ 네이티브 녹음 MP3 무료 다운로드

생생 회화, 튼튼 문형 만들기, 문형으로 말하기, 생생 듣기 연습 등의 내용을 네이티브의 발음으로 생생하게 녹음했습니다. 음성 자료만 따로 원하실 경우는 니혼고 팩토리 홈페이지(www.langfac.com) 자료실에서 무료로 다운로드 받으실 수 있습니다.

⑭ 보이스북 eCD

다른 교재에서는 제공하지 않는 니혼고 팩토리만의 특별 서비스입니다. 컴퓨터에 CD를 넣고 화면을 통해 교재의 모든 내용을 종이책과 똑같은 형태로 보실 수 있으며, 녹음이 되어 있는 부분은 클릭 한 번으로 음성까지 들으면서 학습할 수 있습니다.

UNIT 01 歩いて 十五分ぐらい かかります

학습 Point **동사의 음편**

생생 회화 Track 001

田中： 石川(いしかわ)さんの うちから 上野駅(うえのえき)まで 歩(ある)いて 何分(なんぷん)ぐらい かかりますか。

石川： 歩いて 十五分(じゅうごふん)ぐらい かかります。

田中： バスでは 何分ぐらい かかりますか。

石川： バスでは 五分(ごふん)しか かかりません。

田中： 石川さんは きのう 何(なに)を しましたか。

石川： 私(わたし)は きのう 渋谷(しぶや)へ 行きました。

田中： 渋谷へ 行って 何を しましたか。

石川： 友達(ともだち)に 会(あ)って、買(か)い物(もの)を しました。それから コーヒーショップに 入(はい)って、コーヒーを 飲(の)みました。

새로 나온 어구

- 石川(いしかわ) 일본인의 성
- 上野(うえの) 일본의 지명
- 歩(ある)く 걷다
- 五分(ごふん) 5분
- 渋谷(しぶや) 일본의 지명
- 会(あ)う 만나다
- コーヒーショップ 커피숍
- 入(はい)る 들어가다, 들어오다

○ 확실하게 이해하는 문법 이야기

1 동사의 음편

발음의 편의상 발음하기 쉬운 음으로 변하는 현상을 음편(音便)이라고 합니다. 5단동사의「ます형 + て」의 경우에는 음편이 일어납니다. 동사의 음편에는 다음의 3가지가 있습니다.

① イ음편 : 어미가「く・ぐ」로 끝나는 동사

예 歩く：歩き + て → 歩いて

② 촉음편(促音便) : 어미가「う・つ・る」로 끝나는 동사

예 会う：会い + て → 会って

③ 발음편(撥音便) : 어미가「ぬ・ぶ・む」로 끝나는 동사

예 飲む：飲み + て → 飲んで

※ (예외1)「す」로 끝나는 동사는 음편이 일어나지 않습니다.

예 はなす：はなし + て → はなして

(예외2)「行く」는 イ음편이 아닌 촉음편을 합니다.

예 行く：行き + て → 行って

2 友達に 会って : 친구를 만나서

동사「会う」는「乗る」와 마찬가지로 그 대상어로서「を」를 취하지 않고「に」를 취합니다. 다만 의미에 따라「と」를 취할 수도 있습니다.

예 先生に 会いました。
友達と 会いました。

3 買い物 : 쇼핑

우리말에도 고유어인 '열쇠'와 외래어인 '키'가 공존하고 있듯이, 일본어에도 같은 경우가 있습니다. 아래에 예를 들어 보겠습니다.

예 かぎ：キー　　きっぷ：チケット
買い物：ショッピング　　見本：サンプル

튼튼 문형 만들기

Track 002

1. 上野駅(うえのえき)まで [自動車(じどうしゃ) / オートバイ] で 何分(なんぷん)ぐらい かかりますか。

2. 飛行機(ひこうき)では [一時間半(いちじかんはん) / 二時間半(にじかんはん)] しか かかりません。

3. 友達(ともだち)に 会(あ)って、[漫画(まんが)を 借(か)り / お金(かね)を 貸(か)し] ました。

4. コーヒーショップに 入(はい)って、[コーラ / サイダー] を 飲(の)みました。

새로 나온 어구

- 自動車(じどうしゃ) 자동차
- オートバイ 오토바이
- 一時間半(いちじかんはん) 1시간 반
- 二時間半(にじかんはん) 2시간 반
- 漫画(まんが) 만화
- 貸(か)す 빌려 주다
- コーラ 콜라
- サイダー 사이다

○ 문형으로 말하기

Track 003

A：上野駅まで 自動車で 何分ぐらい かかりますか。

B：自動車では 三十分ぐらい かかります。

A：上野へ 行って、何を しましたか。

B：友達に 会って、金を 借りました。

A：コーヒーショップに 入って、何を しましたか。

B：コーラを 飲みました。

생생 듣기 연습

Track 004

※ 녹음된 일본어를 듣고 다음 ______ 부분을 완성해 보세요.

1. ______ 十五分ぐらい かかります。
2. バスでは ______ かかりません。
3. 石川さんは きのう ______。
4. 友達に 会って ______。
5. ______、コーヒーを 飲みました。

실력 꾹!꾹! 다지기

1. 다음을 보기와 같이 동사에 「て」를 붙여 완성하세요.

보기 歩く + て → 歩いて

① 会う + て →

② 行く + て →

③ 入る + て →

④ 飲む + て →

⑤ 借りる + て →

⑥ 貸す + て →

2. 다음 외래어를 **カタカナ**로 표기하세요.

① 커피 (　　　　　　)

② 버스 (　　　　　　)

③ 테니스 (　　　　　　)

④ 택시 (　　　　　　)

⑤ 콜라 (　　　　　　)

⑥ 사이다 (　　　　　　)

3. 다음 일본어를 우리말로 옮기세요.

① オートバイでは 何分ぐらい かかりますか。

→ ______________________________

② 飛行機では 一時間半しか かかりません。

→ ______________________________

③ コーヒーショップに 入って、サイダーを 飲みました。

→ ______________________________

4. 다음 우리말을 일본어로 옮기세요.

① 걸어서 어느 정도 걸립니까?

→ ______________________________

② 친구를 만나 만화를 빌렸습니다.

→ ______________________________

③ 渋谷에 가서 쇼핑을 했습니다.

→ ______________________________

꼭! 꼭! 외워 두기

⊙ **동사 (5)**

考える(かんがえる) : 생각하다(사고)	消える(きえる) : 꺼지다	聞く(きく) : 듣다, 묻다
決める(きめる) : 결정하다	切る(きる) : 끊다, 자르다	悔いる(くいる) : 후회하다
組む(くむ) : 짜다	比べる(くらべる) : 비교하다	来る(くる) : 오다
加える(くわえる) : 더하다	消す(けす) : 끄다, 지우다	越える(こえる) : 넘다
試みる(こころみる) : 시험하다	答える(こたえる) : 대답하다	困る(こまる) : 곤란하다

UNIT 02

食べてから、何を しますか

학습 Point　～てから

생생 회화　Track 005

前田：　岸(きし)さん、仕事(しごと)は 何時(なんじ)に 始(はじ)まって、何時に 終(お)わりますか。

岸：　午前(ごぜん) 九時(くじ)に 始まって、午後(ごご) 六時(ろくじ)に 終わります。

前田：　何時ごろ 事務室(じむしつ)を 出(で)て、うちへ 帰(かえ)りますか。

岸：　たいてい 六時半(はん)ごろです。

前田：　うちへ 帰って 何を しますか。

岸：　少(すこ)し 休(やす)んで、晩(ばん)ご飯(はん)を 食(た)べます。

前田：　晩ご飯を 食べ**てから**、何を しますか。

岸：　テレビの ニュースを 見(み)て、インターネットを します。それから お風呂に 入(はい)って、十一時(じゅういちじ)ごろ 寝(ね)ます。

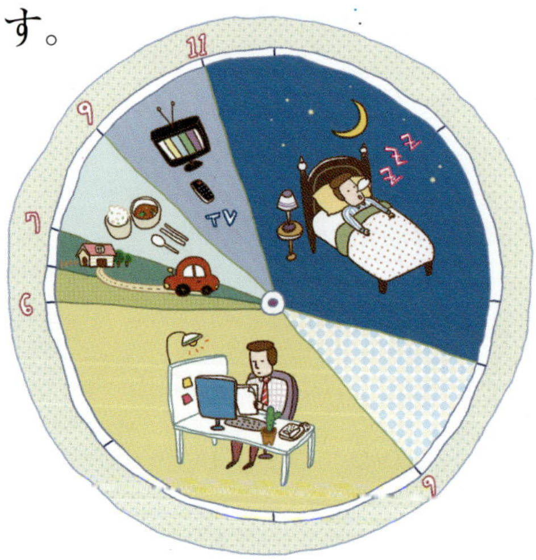

새로 나온 어구

- 岸(きし) 일본인의 성
- 六時半(ろくじはん) 6시 반
- 休(やす)む 쉬다, 자다
- 晩(ばん)ご飯(はん) 저녁(밥)
- ～てから ～(하)고 나서
- ニュース 뉴스
- インターネット 인터넷
- (お)風呂(ふろ) 목욕, 목욕탕, 욕조
- お風呂に 入る 목욕하다
- 十一時(じゅういちじ) 11시

○ 확실하게 이해하는 문법 이야기

1 食べてから : 먹고 나서

「食べてから」는 「동사 + て」에 「から」가 연결된 것으로 '어떤 동작이 완료된 다음부터'라는 뜻을 나타내며 우리말의 '~(하)고 나서'에 해당합니다.

예 見てから
聞いてから

2 お風呂

「お風呂」의 「お」는 말을 미화(美化)시키기 위하여 말머리에 자주 붙이는 접두어입니다. 특히 여성들이 말을 미화시키기 위하여 즐겨 쓰는 경향이 있으며, 「お」 이외에 「ご」가 쓰이는 경우도 있습니다.

예 (お)金　(お)酒
(ご)飯　朝(ご)飯

3 お風呂に 入って : 목욕을 하고

「お風呂」의 「風呂」는 목욕을 하기 위하여 더운 물을 담는 통, 즉 욕조를 말합니다. 일본인들은 이와 같이 '목욕을 하다'라는 개념을 '욕조에 들어가다'라는 말로 표현을 하고 있습니다.

4 관용적 표현

「写真を 撮る」·「お風呂に 入る」 등은 단어와 단어가 결합된 어구로서 관용적인 표현입니다. 몇 가지 예를 더 들어 봅시다.

예 シャワーを 浴びる
歯を みがく
辞書を 引く
日記を つける

○ 튼튼 문형 만들기

Track 006

1

営業(えいぎょう) / 実習(じっしゅう)	は 二時(にじ)に 始(はじ)まって、十時(じゅうじ)に 終(お)わります。

2

たいてい	八時半(はちじはん) / 九時半(くじはん)	ごろ 事務室(じむしつ)を 出(で)ます。

3

辞書(じしょ)を 引(ひ)いて / 言葉(ことば)を 調(しら)べて	日本語(にほんご)を 勉強(べんきょう)します。

4

へやを 掃除(そうじ)して / 日記(にっき)を つけて	から、音楽(おんがく)を 聞(き)きます。

새로 나온 어구

- 営業(えいぎょう) 영업
- 実習(じっしゅう) 실습
- 引(ひ)く 당기다, 그리다, 찾다
- 辞書を 引く 사전을 찾다
- 勉強(べんきょう)する 공부하다
- 言葉(ことば) 말, 단어
- 調(しら)べる 알아보다, 조사하다
- 言葉を 調べる 말(단어)을 찾다
- 掃除(そうじ)する 청소하다
- 日記(にっき) 일기
- つける 붙이다, 달다, 적다
- 日記を つける 일기를 쓰다

○ 문형으로 말하기

Track 007

A : 営業は 何時に 始まって、何時に 終わりますか。

B : 営業は 二時に 始まって、十時に 終わります。

A : 晩ご飯を 食べてから、 何を しますか。

B : 辞書を 引いて 日本語を 勉強します。

A : へやを 掃除してから、 何を しますか。

B : へやを 掃除してから、 音楽を 聞きます。

생생 듣기 연습

Track 008

※ 녹음된 일본어를 듣고 다음 ______ 부분을 완성해 보세요.

1. 九時に ______________________、六時に 終わります。
2. 何時ごろ ______________________、うちへ 帰りますか。
3. たいてい ______________________。
4. ______________________、何を しますか。
5. ______________________、インターネットを します。

실력 꾹!꾹! 다지기

1. 다음 (　) 안에 読みがな를 써 넣으세요.

① 営業 (　　　　　　　)　② 音楽 (　　　　　　　)

③ 実習 (　　　　　　　)　④ 辞書 (　　　　　　　)

⑤ 勉強 (　　　　　　　)　⑥ 掃除 (　　　　　　　)

2. 다음 어구를 일본어로 옮기세요.

① 목욕을 하다 →(　　　　　　　　　　)

② 사전을 찾다 →(　　　　　　　　　　)

③ 일기를 쓰다 →(　　　　　　　　　　)

3. 다음 일본어를 우리말로 옮기세요.

① 実習は 二時に 始まって、十時に 終わります。

→ ________________________________

② たいてい 六時半ごろ 事務室を 出ます。

→ ________________________________

③ 言葉を 調べて 日本語を 勉強します。

→ ________________________________

4. 다음 우리말을 일본어로 옮기세요.

① 일은 오후 2시에 시작됩니다.

→ ______________________________

② 집으로 돌아와서 목욕을 합니다.

→ ______________________________

③ 일기를 쓰고 나서 음악을 듣습니다.

→ ______________________________

꼭! 꼭! 외워 두기

⊙ 동사 (6)

殺(ころ)す : 죽이다
避(さ)ける : 피하다
指(さ)す : 가리키다
従(したが)う : 따르다
占(し)める : 차지하다
探(さが)す : 찾다
下(さ)げる : 내리다
誘(さそ)う : 꾀다
染(し)みる : 스며들다
調(しら)べる : 조사하다
咲(さ)く : 피다
支(ささ)える : 떠받치다
強(し)いる : 강요하다
閉(し)める : 닫다
進(すす)む : 나아가다

UNIT 03 教えて 下さい

학습 Point ～て 下さい

생생 회화 Track 009

山中： どこに 何(なに)を 書(か)きますか。教(おし)えて 下(くだ)さい。

銀行員(ぎんこういん)： 一番(いちばん) 上(うえ)に あなたの 名前(なまえ)と 住所(じゅうしょ)を 書いて 下さい。

それから その 下(した)に 電話番号(でんわばんごう)も 書いて 下さい。

そして 一番 下に サインを して 下さい。

字(じ)はきれいに 書いて 下さい。

山中： はい、分(わ)かりました。これで いいですか。

銀行員： ちょっと 見(み)せて 下さい。

これで けっこうです。

それでは これを 三番(さんばん)の 窓口(まどぐち)へ

持(も)って 行(い)って 下さい。

새로 나온 어구

□ 書(か)く 쓰다, 적다 □ 教(おし)える 가르치다 □ 銀行員(ぎんこういん) 은행원 □ 一番(いちばん) 1번, 제일
□ 名前(なまえ) 이름 □ 住所(じゅうしょ) 주소 □ 電話番号(でんわばんごう) 전화번호 □ そして 그리고 □ サイン 사인, 서명
□ 字(じ) 글자, 글씨 □ 分(わ)かる 알다 □ 見(み)せる 보여 주다 □ けっこうだ 좋다, 훌륭하다 □ 三番(さんばん) 3번
□ 窓口(まどぐち) 창구 □ 持(も)つ 가지다, 들다

○ 확실하게 이해하는 문법 이야기

1 ～て 下さい

「동사 + て 下さい」의 형은 '～(하)십시오, ～(하)여 주세요, ～(하)여 주십시오'의 뜻을 나타냅니다. 남에게 부탁하거나 가볍게 명령할 때에 쓰입니다.

예 朝 六時に 起きて 下さい。
字を きれいに 書いて 下さい。

2 一番

「一番」은 명사로 쓰일 때는 '1번, 1등, 첫째'란 뜻이며, 부사로 쓰일 때는 '제일, 가장'이란 뜻이 됩니다. 앞뒤 문맥상으로 파악할 수가 있습니다.

예 一番で 卒業(そつぎょう)しました。
一番 寒い ところです。

3 きれいに 書く : 깨끗이 쓰다

「きれいだ」와 같은 'ナ형용사'에 동사가 연결될 때, ナ형용사의 어미 「-だ」는 「-に」로 바뀝니다.

예 きれいだ ＋ なる → きれいに なる
静かだ ＋ する → 静かに する

4 そして : 그리고

「そして」는 접속사로서 앞의 말을 받아 다음의 말에 연결하는 역할을 합니다. 우리말의 '그리고'에 해당합니다.

예 新聞を 読みました。そして 音楽を 聞きました。

튼튼 문형 만들기

Track 010

1. あなたの 誕生日(たんじょうび) / 意見(いけん) を 書(か)いて 下(くだ)さい。

2. ここに 日付(ひづけ)を 書いて / 写真(しゃしん)を 張(は)って 下さい。

3. それから ちょっと 立(た)って / 座(すわ)って 下さい。

4. 手紙(てがみ)を 出(だ)して / お金(かね)を 払(はら)って 来(き)て 下さい。

새로 나온 어구

- 誕生日(たんじょうび) 생일
- 意見(いけん) 의견
- 日付(ひづけ) 날짜, 일자
- 張(は)る 붙이다, 치다
- 立(た)つ 서다, 일어서다
- 座(すわ)る 앉다
- 出(だ)す 내다, 보내다
- 払(はら)う 지불하다, 털다

○ 문형으로 말하기

Track 011

A : どこに 何を 書きますか。教えて 下さい。

B : ここに 日付を 書いて 下さい。

A : 一番 下には 何を 書きますか。

B : あなたの 意見を 書いて 下さい。

A : それから ちょっと 座って 下さい。

B : はい、よく 分かりました。

생생 듣기 연습

Track 012

※ 녹음된 일본어를 듣고 다음 ______ 부분을 완성해 보세요.

1. あなたの 名前と ______ を 書いて 下さい。
2. その 下に ______ も 書いて 下さい。
3. 一番 下に ______ 下さい。
4. 字は ______。
5. ______。

실력 꾹!꾹! 다지기

1. 다음 동사를 보기와 같이 한자와 **送りがな**로 나타내세요.

보기	おきる → 起きる

① かく →

② おしえる →

③ みせる →

④ もつ →

⑤ すわる →

⑥ はらう →

2. 다음을 한자는 **ひらがな**로, **ひらがな**는 한자로 옮기세요.

① 一番 (　　　　　　)

② なまえ (　　　　　　)

③ 住所 (　　　　　　)

④ まどぐち (　　　　　　)

⑤ 日付 (　　　　　　)

⑥ いけん (　　　　　　)

3. 다음 일본어를 우리말로 옮기세요.

① 一番 上に 名前と 住所を 書いて 下さい。

→ ______________________________

② 一番 下には あなたの 写真を 張って 下さい。

→ ______________________________

③ それでは 三番の 窓口へ 持って 行って 下さい。

→ ______________________________

4. 다음 우리말을 일본어로 옮기세요.

① 당신의 생일을 써 주십시오.

→ ______________________________

② 여기에 사진을 붙여 주십시오.

→ ______________________________

③ 그러면 돈을 지불하고 오십시오.

→ ______________________________

꼭! 꼭! 외워 두기

⊙ **동사 (7)**

吸(す)う : 들이마시다, 피우다	過(す)ぎる : 지나다	住(す)む : 살다(거주)
進(すす)める : 진행하다	捨(す)てる : 버리다	知(し)る : 알다
済(す)む : 끝나다	する : 하다	育(そだ)つ : 자라다
染(そ)める : 물들이다	耐(た)える : 참다, 견디다	確(たし)かめる : 확인하다
出(だ)す : 내다	助(たす)ける : 돕다	訪(たず)ねる : 방문하다

UNIT 04

忘れないで 下さい

학습 Point　～ないで 下さい

생생 회화

Track 013

先生：　林さんは 徐さんと 今(いま) 韓国語(かんこくご)で 何(なに)を 話(はな)しましたか。
教室(きょうしつ)では 韓国語を 使(つか)わ**ないで 下(くだ)さい**。

林：　はい、すみません。

先生：　皆(みな)さん、宿題(しゅくだい)を 持(も)って 来(き)ましたか。

学生：　はい、持って 来ました。

林：　先生(せんせい)、すみません。私(わたし)は 忘(わす)れました。
あしたまで 待(ま)って 下さいませんか。

先生：　はい、いいです。あしたは 忘れ**ないで 下さい**。

林：　はい、あしたは 必(かなら)ず 持って 来ます。

새로 나온 어구

- 林(イム) 한국인의 성
- 徐(ソ) 한국인의 성
- 話(はな)す 말하다, 이야기하다
- 使(つか)う 사용하다, 쓰다
- ～ないで ~(하)지 말아
- すみません 미안합니다
- 皆(みな)さん 여러분
- 宿題(しゅくだい) 숙제
- 忘(わす)れる 잊다
- 下(くだ)さる 주시다
- 必(かなら)ず 반드시, 꼭

○ 확실하게 이해하는 문법 이야기

1 동사 + ない

「ない」는 부정의 조동사로서 우리말의 '~(하)지 않는다'에 해당합니다. 동사에 「ない」가 연결될 때의 동사의 활용형을 'ない형' 또는 '부정형'이라고 합니다.

▸ 5단동사 : 「**ウ**단」이 「**ア**단」　예 行く＋ない → 行かない

▸ 1단동사 : 「**る**」탈락　예 起きる＋ない → 起きない
食べる＋ない → 食べない

▸ 변격동사 : 불규칙 활용　예 来る＋ない → 来ない
する＋ない → しない

※ '**ない형**'을 일본 학교문법에서는 **미연형(未然形)**이라고 합니다.

2 ～ないで 下さい

「ないで」는 '~(하)지 않아, ~(하)지 말아'의 뜻입니다.

따라서 「동사 ＋ ないで 下さい」는 '~(하)지 마세요, ~(하)지 마십시오'라는 뜻이며 동작의 금지를 부탁하거나 명령할 때에 쓰입니다.

예 見ないで 下さい。
行かないで 下さい。

3 下さい : 주십시오, 주세요

이미 공부하였듯이 「下さい」는 동사 「下さる(주시다)」의 명령형입니다. 그런데 「下さる」는 5단 동사이지만 활용에 있어서 예외가 있는 특수동사입니다. 즉 「下さる ＋ ます」는 「下さります」가 아닌 「下さいます」입니다. 이 점 주의해 주세요.

예 来て 下さい。
来て 下さいます。

튼튼 문형 만들기

Track 014

1. 今(いま) [フランス語(ご) / ドイツ語(ご)] で 何(なに)を 話(はな)しましたか。

2. 室内(しつない)では [写真(しゃしん)を 撮(と)ら / 歌(うた)を 歌(うた)わ] ないで 下(くだ)さい。

3. あしたまで 待(ま)って [下さいますか。 / 下さいませんか。]

4. ここでは [食(た)べ物(もの)を 食(た)べ / 飲(の)み物(もの)を 飲(の)ま] ないで 下さい。

새로 나온 어구

- フランス語(ご) 불어, 프랑스어
- ドイツ語(ご) 독어, 독일어
- 室内(しつない) 실내
- 歌(うた) 노래
- 歌(うた)う 노래하다
- 歌を歌う 노래를 부르다
- 食(た)べ物(もの) 먹을 것, 음식
- 飲(の)み物(もの) 마실 것, 음료

○ 문형으로 말하기

Track 015

A : ここでは 歌を 歌わないで 下さい。

B : はい、すみません。

A : 室内では 食べ物を 食べないで 下さい。

B : はい、よく 分かりました。

A : あしたは 宿題を 忘れないで 下さい。

B : はい、あしたは 必ず 持って 来ます。

생생 듣기 연습

Track 016

※ 녹음된 일본어를 듣고 다음 ______ 부분을 완성해 보세요.

1. 今 ______ で 何を 話しましたか 。
2. 教室では 韓国語を ______ 下さい 。
3. 皆さん、宿題を ______ 。
4. ______ 。私は 忘れました。
5. ______ 。

실력 꾹!꾹! 다지기

1. 다음을 보기와 같이 동사에 「**ないで**」를 붙여 완성하세요.

보기 行く + ないで → 行かないで

① 使う + ないで →
② する + ないで →
③ 忘れる + ないで →
④ 来る + ないで →
⑤ 見る + ないで →
⑥ 歌う + ないで →

2. 다음 단어의 뜻을 ( ) 안에 써 넣으세요.

① しゅくだい ( )
② しつない ( )
③ たべもの ( )
④ かならず ( )
⑤ みなさん ( )
⑥ のみもの ( )

3. 다음 일본어를 우리말로 옮기세요.

① 室内では 写真を 撮らないで 下さい。

→ ____________________

② あしたまで 待って 下さいませんか。

→ ____________________

③ ここでは 飲み物を 飲まないで 下さい。

→ ____________________

4. 다음 우리말을 일본어로 옮기세요.

① 프랑스어로 무엇을 이야기했습니까?

→ ______________________________

② 실내에서는 노래를 부르지 마십시오.

→ ______________________________

③ 여러분, 내일은 반드시 갖고 오십시오.

→ ______________________________

꼭! 꼭! 외워 두기

⊙ 동사 (8)

尋(たず)ねる : 묻다, 여쭈다	立(た)つ : 일어서다	発(た)つ : 떠나다(출발)
立(た)てる : 세우다	食(た)べる : 먹다	だます : 속이다
試(ため)す : 시험하다	ためる : 모으다	足(た)りる : 족하다
違(ちが)う : 다르다	使(つか)う : 쓰다(사용)	疲(つか)れる : 지치다
着(つ)く : 도착하다	作(つく)る : 만들다	付(つ)ける : 붙이다

UNIT

05 「こんにちは」と 言います

학습 Point　~と 言う

생생 회화　Track 017

林：　日本(にほん)では 朝(あさ) 何(なん)と 言(い)って、あいさつを しますか。

田中：　「おはよう ございます」と 言って、あいさつをします。

林：　どんな 時に「こんにちは」と 言いますか。

田中：　昼間(ひるま) 人(ひと)と 会(あ)った 時(とき)に「こんにちは」と 言って、あいさつを します。

林：　それでは、どんな 時に「こんばんは」と 言いますか。

田中：　夜、人と 会った 時に「こんばんは」と 言って、あいさつを します。

새로 나온 어구

- ~と ~라고
- 言(い)う 말하다
- あいさつ 인사
- おはよう ございます 안녕하십니까
- 時(とき) 때
- こんにちは 안녕하십니까
- 昼間(ひるま) 낮, 주간
- こんばんは 안녕하십니까

○ 확실하게 이해하는 문법 이야기

1 何と 言って

조사「と」에는 앞의 내용이나 말을 인용하는 용법이 있습니다.「何と」의「と」가 여기에 해당하며 우리말의 '~(이)라고'의 뜻입니다.

예 私は 山田と 言います。

この 字は 何と 読みますか。

2 おはよう ございます : 안녕하십니까

「おはよう ございます」는 아침 인사로서 우리말의 '안녕하십니까'에 해당합니다. 그런데 '공손'의 뜻을 지닌「ございます」를 생략하여「おはよう」라고 하면, 우리말의 '안녕' 정도의 가벼운 인사말로서 친구나 아랫사람에게 주로 사용합니다. 그리고 일본어에서는 때에 따라 인사가 다르다는 점, 잘 기억해 주세요.

예 こんにちは。

こんばんは。

3 会った 時 : 만났을 때

앞에서 공부한 대로,「た」는 '과거 · 완료'를 나타내는 조동사입니다.「た」도「て」와 마찬가지로 동사의「ます형」에 연결되며, 5단동사일 경우 음편이 일어납니다.

「会った」는「会い + た→ 会った」에서 보듯이「会う」의 과거형으로 다음의 명사를 수식할 때 어형의 변화 없이 그대로 쓰입니다.

예 友達に 会った。

友達に 会った 時、

튼튼 문형 만들기

Track 018

1 日本(にほん)では 何(なん)と 言(い)って
- 声(こえ)を かけますか。
- お礼(れい)を 言いますか。

2
- 「おはよう」
- 「こんにちは」

と 言って、あいさつを します。

3
- こんな
- そんな

時(とき)に 「お休(やす)みなさい」と 言います。

4 人(ひと)と 別(わか)れる 時に
- 「さようなら」
- 「また 会(あ)いましょう」

と 言います。

새로 나온 어구

□ 声(こえ) 소리, 목소리　□ かける 걸다, 걸치다, 걸터앉다　□ 声を かける 말을 걸다　□ お礼(れい) 감사의 말/선물
□ お礼を 言う 감사의 말을 하다　□ おはよう 안녕(아침 인사)　□ こんな 이런, 이러한　□ お休みなさい 안녕히 주무십시오
□ そんな 그런, 그러한　□ 別(わか)れる 헤어지다　□ さようなら 안녕히 계십시오/가십시오　□ 会(あ)いましょう 만납시다

문형으로 말하기

Track 019

A : 日本では 何と 言って 声を かけますか。

B :「すみません」と 言って、声を かけます。

A : 夜 何と 言って、あいさつを しますか。

B :「こんばんは」と 言って、あいさつを します。

A : どんな 時に「さようなら」と 言いますか。

B : 人と 別れる 時に「さようなら」と 言います。

생생 듣기 연습

Track 020

※ 녹음된 일본어를 듣고 다음 ______ 부분을 완성해 보세요.

1. 朝 何と 言って ______ を しますか。
2. ______ と 言って、あいさつを します 。
3. どんな 時に ______ と 言いますか。
4. 昼間 ______ 時に「こんにちは」と 言って、
5. どんな 時に ______ 。

실력 꾹!꾹! 다지기

1. 다음 인사말을 일본어로 옮기세요.

① 안녕하십니까? (아침 인사) → (　　　　　　　　　　　　　　　　)

② 안녕히 주무십시오. → (　　　　　　　　　　　　　　　　)

③ 안녕히 계십시오./안녕히 가십시오. → (　　　　　　　　　　　　　　　　)

2. 다음 어구를 일본어로 옮기세요.

① 인사를 하다 → (　　　　　　　　　　　　)

② 말을 걸다 → (　　　　　　　　　　　　)

③ 감사의 말을 하다 → (　　　　　　　　　　　　)

3. 다음 일본어를 우리말로 옮기세요.

① 昼間 何と 言って、あいさつを しますか。

→ ____

② 日本では 何と 言って お礼を 言いますか。

→ ____

③ 人と 別れる 時に「さようなら」と 言います。

→ ____

4. 다음 우리말을 일본어로 옮기세요.

① 「おはよう」라고 하며 인사를 합니다.

→ ______________________________

② 「すみません」이라고 하며 말을 겁니다.

→ ______________________________

③ 이런 때에 「お休みなさい」라고 합니다.

→ ______________________________

꼭! 꼭! 외워 두기

⊙ 동사 (9)

漬(つ)ける : 담그다	告(つ)げる : 고하다	続(つづ)く : 계속되다
続(つづ)ける : 계속하다	努(つと)める : 힘쓰다	勤(つと)める : 근무하다
詰(つ)める : 채우다	通(とお)る : 지나가다	解(と)ける : 풀리다
溶(と)ける : 녹다	閉(と)じる : 닫다	飛(と)ぶ : 날다
止(と)める : 멈추다	伴(ともな)う : 수반하다	取(と)る : 잡다, 취하다

UNIT 06

何を して いますか

학습 Point ～て いる

생생 회화 Track 021

石川： 加藤(かとう)さんは もう 会社(かいしゃ)に 来(き)て いますか。

田中： はい、加藤さんは もう 来て います。
さっき 休憩室(きゅうけいしつ)で コーヒーを 飲(の)んで いました。

石川： 山口(やまぐち)さんは 今(いま) 何(なに)を して いますか。

田中： 山口さんは だれかと 話(はなし)を して います。

石川： 山口さんと 話を して いる 人(ひと)は だれですか。

田中： だれだか よく 知(し)りません。

石川： あそこで 電話(でんわ)を かけて いる 人は だれですか。

田中： あの 人は 企画室(きかくしつ)の 原田(はらだ)さんです。

새로 나온 어구

- 加藤(かとう) 일본인의 성
- さっき 아까
- 山口(やまぐち) 일본인의 성
- だれか 누군가
- 話(はなし) 이야기
- だれだか 누구인지
- 知(し)る 알다
- 企画室(きかくしつ) 기획실
- 原田(はらだ) 일본인의 성

○ 확실하게 이해하는 문법 이야기

1 동사 + て いる

접속조사「て」다음의「いる」는 본래의 동사로서의 기능을 잃고,「て」앞의 동사(본동사)를 보조하는 구실을 하므로 이를 보조동사라고 합니다.

예 教室に 学生が いる。 → いる : 본동사
りんごを 食べて いる。 → いる : 보조동사

2 「～て いる」의 용법

「～て」앞의 동사의 성질에 따라 3가지 용법으로 나뉩니다.

① 동작의 진행 : ~고 있다
동작의 계속을 나타내는 동사에 연결될 경우.
예 雨が 降って いる。

② 동작의 결과로서 생긴 상태 : ~어 있다
동작 · 작용이 순간에 끝나는 동사에 연결될 경우.
예 花が 咲(さ)いて いる。

③ 단순한 상태 : ~어 있다
단순한 상태를 나타내는 동사에 연결될 경우.
예 吉田さんは 太(ふと)って いる。

3 「分かる」와「知る」

둘 다 '알다'의 뜻을 갖고 있지만,「分かる」는 '이해되다(Understand)'의 개념이고,「知る」는 '지식을 갖고 있다(Know)'의 개념입니다.「分かる」는 자동사이므로「～が 分かる」로,「知る」는 타동사이므로「～を 知る」로 쓰입니다.

예 私の 話が 分かりますか。
名前を 知って いますか。

튼튼 문형 만들기

Track 022

1. 今日(きょう)は { 星(ほし)が 光(ひか)って / 空(そら)が くもって } います。

2. 山口(やまぐち)さんは { シャツを 着(き)て / ぼうしを かぶって } います。

3. { めがねを かけて / ネクタイを しめて } いる 人は だれですか。

4. あの 人は { 人事部(じんじぶ) / 生産課(せいさんか) } の 原田(はらだ)さんです。

새로 나온 어구

□ 星(ほし) 별 □ 光(ひか)る 빛나다 □ くもる 흐리다 □ 着(き)る 입다 □ かぶる 쓰다, 뒤집어쓰다
□ めがねを かける 안경을 끼다 □ し(締)める 매다, 죄다 □ ネクタイを しめる 넥타이를 매다 □ 人事部(じんじぶ) 인사부
□ 生産課(せいさんか) 생산과

문형으로 말하기

Track 023

A : 今日は 空が くもって いますか。

B : はい、少し くもって います。

A : 山口さんは どんな シャツを 着て いますか。

B : 山口さんは 黄色い シャツを 着て います。

A : めがねを かけて いる 人は だれですか。

B : あの 人は 人事部の 原田さんです。

생생 듣기 연습

Track 024

※ 녹음된 일본어를 듣고 다음 ______ 부분을 완성해 보세요.

1. 加藤さんは もう ______ に 来て いますか。

2. さっき ______ で コーヒーを 飲んで いました。

3. 山口さんは だれかと ______ います。

4. ______。

5. あそこで ______ 人は だれですか。

실력 꾹!꾹! 다지기

1. 다음을 보기와 같이 동사에 「**て いる**」를 붙여 완성하세요.

보기	来る + て いる → 来て いる

① 知る + て いる →　　　② くもる + て いる →

③ 着る + て いる →　　　④ かける + て いる →

⑤ かぶる + て いる →　　　⑥ しめる + て いる →

2. 다음을 한자는 **ひらがな**로, **ひらがな**는 한자로 옮기세요.

① 企画室 (　　　　　　)　　② ほし (　　　　　　)

③ 人事部 (　　　　　　)　　④ そら (　　　　　　)

⑤ 生産課 (　　　　　　)　　⑥ はなし (　　　　　　)

3. 다음 일본어를 우리말로 옮기세요.

① さっき 人事部で コーヒーを 飲んで いました。

→ ______________________________

② 企画室の 山口さんは ぼうしを かぶって います。

→ ______________________________

③ ネクタイを しめて いる 人は 原田さんです。

→ ______________________________

4. 다음 우리말을 일본어로 옮기세요.

① 오늘은 별이 빛나고 있습니다.

→ ______________________________

② 누구인지 잘 모르겠습니다.

→ ______________________________

③ 저 사람은 생산과의 加藤 씨입니다.

→ ______________________________

꼭! 꼭! 외워 두기

⊙ 동사 (10)

撮(と)る : 찍다, 촬영하다	直(なお)す : 고치다	流(なが)れる : 흐르다
流(なが)す : 흘리다	泣(な)く : 울다	怠(なま)ける : 게을리하다
習(なら)う : 배우다	並(なら)ぶ : 늘어서다	並(なら)べる : 늘어놓다
なる : 되다	鳴(な)る : 울리다(종)	逃(に)げる : 달아나다
抜(ぬ)く : 뽑다, 빼다	脱(ぬ)ぐ : 벗다	抜(ぬ)ける : 빠지다

UNIT 07

何が かけて ありますか

학습 Point　～て ある

생생 회화

Track 025

先生： あそこに 何(なに)が かけて ありますか。

田中： カレンダーが かけて あります。

先生： 窓(まど)は 開(あ)けて ありますか。

田中： いいえ、開けて ありません。閉(し)めて あります。

先生： 電気(でんき)は つけて ありますか。

田中： いいえ、つけて ありません。消(け)して あります。

先生： つくえの 上(うえ)に 何か 置(お)いて ありますか。

田中： はい、置いて あります。

先生： 何が 置いて ありますか。

田中： コンピューターが 置いて あります。

새로 나온 어구

- かけて ある 걸려 있다
- カレンダー 캘린더, 달력
- 開(あ)ける 열다
- 開けて ある 열려 있다
- 閉(し)める 닫다
- 閉めて ある 닫혀 있다
- 電気(でんき) 전기
- つける 붙이다, 켜다
- つけて ある 켜져 있다
- 消(け)す 끄다, 지우다
- 消して ある 꺼져 있다
- 置(お)く 두다, 놓다
- 置いて ある 놓여 있다

확실하게 이해하는 문법 이야기

1 「~て ある」의 용법

앞과의「~て いる」앞에는 자동사나 타동사 둘 다 올 수 있으나, 이번 과에 나오는「~て ある」는 주로 타동사에만 연결되며, 동작이 행해진 결과 존속되는 상태를 나타냅니다. 이때의 상태는 저절로 된 상태가 아니고 어떤 인위적인 작용에 의해서 된 상태를 말합니다.

즉 '창문이 열려 있다'의 경우,

窓が 開いて いる。 (자동사 + て いる) …… ①

窓が 開けて ある。 (타동사 + て ある) …… ②

①, ② 둘 다 상태를 나타내지만, ①은 누가 열었거나 바람에 의해 열렸던 간에 '창문이 열린 상태로 있다'는 뜻이지만 ②는 '누가 창문을 열어 놓아 열려진 상태로 있다'는 뜻입니다.

2 「カレンダー」와「こよみ」

「カレンダー」는 외래어이고「こよみ」는 일본의 고유어로서 둘 다 '달력'이라는 뜻입니다. 지금은「カレンダー」가 주로 쓰이고,「こよみ」는 고어(古語)의 느낌을 주면서 문학적인 표현으로만 쓰입니다. 우리말에서 '카메라'가 주로 쓰이고, '사진기'는 잘 쓰이지 않는 경우와 비슷합니다.

3 동사「つける」의 의미

「つける」에는 여러 가지 의미가 있는데, 이것이 들어가는 관용적인 표현에는 다음과 같은 것들이 있습니다.

예 火を つける　　電気を つける

日記を つける　　味を つける

気を つける　　ねだんを つける

튼튼 문형 만들기

Track 026

① かべに [絵(え) / コート] が かけて あります。

② ここに [本(ほん)が 並(なら)べて / 花(はな)が 飾(かざ)って] あります。

③ いいえ、[テレビは つけて / ラジオは かけて] ありません。

④ つくえの 上に [グラス / コップ] が 置(お)いて あります。

새로 나온 어구

- かべ(壁) 벽
- 絵(え) 그림
- コート 코트
- 並(なら)べる 늘어놓다, 진열하다
- 飾(かざ)る 꾸미다, 장식하다
- テレビを つける 텔레비전을 켜다
- ラジオを かける 라디오를 켜다
- グラス 글라스, 유리잔
- コップ 컵

○ 문형으로 말하기

Track 027

A : かべに 何が かけて ありますか。

B : コートが かけて あります。

A : 今 テレビは つけて ありますか。

B : いいえ、つけて ありません。消して あります。

A : つくえの 上に 何が 置いて ありますか。

B : コップが 置いて あります。

생생 듣기 연습

Track 028

※ 녹음된 일본어를 듣고 다음 ______ 부분을 완성해 보세요.

1. ______ が かけて あります。
2. いいえ、開けて ありません。______。
3. いいえ、______。消して あります。
4. ______ 何か 置いて ありますか 。
5. ______。

실력 꾹!꾹! 다지기

1. 다음을 보기와 같이 동사에 「**て ある**」를 붙여 완성하세요.

보기 書く + て ある　→　書いて ある

① 開ける + て ある →
② つける + て ある →
③ 消す + て ある →
④ 置く + て ある →
⑤ 並べる + て ある →
⑥ 飾る + て ある →

2. 다음 외래어를 **カタカナ**로 표기하세요.

① 캘린더 (　　　　　　)
② 코트 (　　　　　　)
③ 컵 (　　　　　　)
④ 셔츠 (　　　　　　)
⑤ 글라스 (　　　　　　)
⑥ 컴퓨터 (　　　　　　)

3. 다음 일본어를 우리말로 옮기세요.

① はい、かべには 絵が かけて あります。

→ ________________________________

② いいえ、ラジオは かけて ありません。

→ ________________________________

③ つくえの 上に グラスが 置いて あります。

→ ________________________________

4. 다음 우리말을 일본어로 옮기세요.

① 벽에 꽃이 장식되어 있습니다.

→ ______________________________

② 거기에 책이 진열되어 있습니까?

→ ______________________________

③ 전기는 켜져 있지 않습니다. 꺼져 있습니다.

→ ______________________________

꼭! 꼭! 외워 두기

⊙ 동사 (11)

盗(ぬす)む : 훔치다	寝(ね)る : 자다, 눕다	延(の)びる : 연장되다
伸(の)びる : 늘어나다	登(のぼ)る : 올라가다	乗(の)る : 타다
入(はい)る : 들어가다/오다	吐(は)く : 토하다	履(は)く : 입다, 신다
運(はこ)ぶ : 운반하다	始(はじ)める : 시작하다	跳(は)ねる : 뛰다
走(はし)る : 달리다	働(はたら)く : 일하다	話(はな)す : 이야기하다

UNIT 08

私は 旅行が 好きです

학습 Point
- 好きだ
- きらいだ

생생 회화

Track 029

吉田： 木村(きむら)さんは 旅行(りょこう)が 好(す)きですか。

木村： はい、私(わたし)は 旅行が 大好(だいす)きです。

吉田： もう 日光(にっこう)や 箱根(はこね)へ 行きましたか。

木村： はい、日光へも 箱根へも 行きました。

吉田： 釣(つ)りは どうですか。好きですか、きらいですか。

木村： 釣りは きらいでは ありませんが、好きでも ありません。

吉田： 野球(やきゅう)は どうですか。

木村： 見(み)るのは 好きですが、するのは あまり 好きでは ありません。

새로 나온 어구

- 木村(きむら) 일본인의 성
- 好(す)きだ 좋아하다
- 大好(だいす)きだ 아주 좋아하다
- 日光(にっこう) 일본의 지명
- 箱根(はこね) 일본의 지명
- 釣(つ)り 낚시
- きらいだ 싫어하다
- 野球(やきゅう) 야구

확실하게 이해하는 문법 이야기

1 好きだ : 좋아하다

「好きだ」는 좋아하는 주관적인 감정을 나타내는 'ナ형용사'입니다. 이때 좋아하는 대상으로서 「を」를 취하지 않고 「が」를 취합니다. 동사가 아니니까 「を」를 취하지 못하는 점, 어떻게 보면 당연합니다.

예 私は りんごが 好きです。
私は キムチが 好きです。

2 きらいだ : 싫어하다

「きらいだ」는 싫어하는 주관적인 감정을 나타내는 'ナ형용사'로서, 싫어하는 대상으로 「を」를 취하지 않고 「が」를 취합니다. 이 점은 「好きだ」와 같습니다.

예 私は キムチが きらいです。
私は さしみが きらいです。

3 大好きだ : 매우 좋아하다

「大好きだ」는 「たいへん 好きだ」의 뜻으로 우리말의 '매우 좋아하다, 아주 좋아하다'에 해당하는 'ナ형용사'입니다. 이의 반대어는 「大きらいだ(아주 싫어하다)」입니다.

예 キムチが 大好きです。
さしみが 大きらいです。

4 好きでも ありません

「好きです」의 부정은 「好きで(は) ありません」입니다. 이때 조사 「は」나 「も」가 들어가면 뜻이 약간 달라집니다.

예 好きでは ありません。
好きでも ありません。

튼튼 문형 만들기

Track 030

1. 木村(きむら)さんは [スポーツ / ラーメン] が 好(す)きですか。

2. 私(わたし)は [うどん / そば] が 大好(だいす)きです。

3. [おでん / さしみ] は 好きでも きらいでも ありません。

4. [スキー / ボウリング] は あまり 好きでは ありません。

새로 나온 어구

□ スポーツ 스포츠　□ ラーメン 라면　□ うどん 가락국수, 우동　□ そば 메밀국수　□ おでん 어묵, 오뎅　□ さしみ 생선회
□ スキー 스키　□ ボウリング 볼링

문형으로 말하기

Track 031

A : 木村さんは スポーツが 好きですか。

B : はい、私は スポーツが 大好きです。

A : うどんは 好きですか、きらいですか。

B : うどんは きらいでは ありません。

A : さしみは どうですか。好きですか、きらいですか。

B : さしみは 好きでも きらいでも ありません。

생생 듣기 연습

Track 032

※ 녹음된 일본어를 듣고 다음 ______ 부분을 완성해 보세요.

1. はい、私は ______ が 大好きです。
2. もう 日光や 箱根へ ______。
3. 釣りは どうですか。______。
4. 釣りは ______、好きでも ありません。
5. ______、するのは 好きでは ありません。

실력 꾹!꾹! 다지기

1. 다음 단어의 뜻을 ( ) 안에 써 넣으세요.

① すきだ ( ) ② つり ( )

③ きらいだ ( ) ④ やきゅう ( )

⑤ りょこう ( ) ⑥ あまり ( )

2. 다음 단어를 ひらかな 또는 カタカナ로 표기하세요.

① 라면 ( ) ② 가락국수 ( )

③ 어묵 ( ) ④ 생선회 ( )

⑤ 김치 ( ) ⑥ 메밀국수 ( )

3. 다음 일본어를 우리말로 옮기세요.

① 木村さんは ラーメンが 大好きですか。

→ ______________________________

② そばは 好きでも きらいでも ありません。

→ ______________________________

③ ボウリングは あまり 好きでは ありません。

→ ______________________________

4. 다음 우리말을 일본어로 옮기세요.

① 어묵은 좋아합니까, 싫어합니까?

→ ______________________________

② 스키는 그다지 좋아하지 않습니다.

→ ______________________________

③ 저는 라면을 아주 좋아합니다.

→ ______________________________

꼭! 꼭! 외워 두기

⊙ 동사 (12)

払(はら)う : 털다, 지불하다	冷(ひ)える : 식다	引(ひ)く : 당기다
開(ひら)く : 열다	拾(ひろ)う : 줍다	増(ふ)える : 늘다
吹(ふ)く : 불다	含(ふく)む : 포함하다	防(ふせ)ぐ : 막다
太(ふと)る : 살찌다	減(へ)らす : 줄이다	減(へ)る : 줄다
吠(ほ)える : 짖다	ほめる : 칭찬하다	巻(ま)く : 감다

UNIT 09

今 何が ほしいですか

학습 Point
~たい
ほしい

생생 회화 Track 033

酒井： 韓さんは 今 何が ほしいですか。

韓： 私は テレビが ほしいです。テレビを 買って いろいろな スポーツの 試合が 見たいです。 酒井さんは どんな ものが ほしいですか。

酒井： 私は カメラが ほしいです。旅行を する 時 写真が 撮りたいです。

韓： 孫さんも カメラが ほしいですか。

孫： いいえ、私は カメラは あまり ほしく ないです。
今 一番 ほしい ものは テニスの ラケットです。

새로 나온 어구

- 韓(ハン) 한국인의 성
- ほしい 원하다, 필요하다, 갖고 싶다
- 試合(しあい) 시합
- ~たい ~(하)고 싶다
- 見(み)たい 보고 싶다
- 酒井(さかい) 일본인의 성
- もの 물건, 것
- 撮(と)りたい 찍고 싶다
- 孫(ソン) 한국인의 성
- ラケット 라켓

확실하게 이해하는 문법 이야기

1 형용사「ほしい」

「ほしい」는 자기의 것으로 하고 싶다는 뜻을 지닌 형용사로서 그 대상으로「が」를 취합니다. 우리말의 '필요하다, 갖고 싶다, 마시고 싶다' 등의 다양한 뜻으로 나타납니다.

예 金が ほしいです。
お茶が ほしいです。
ピアノが ほしいです。

2 동사 + たい

「たい」는 '희망'을 나타내는 조동사로서 동사의「ます형」에 연결됩니다. 우리말의 '~(고) 싶다'라는 뜻에 해당합니다.

예 行きたいです。
食べたいです。

조동사「たい」는「ーい」형으로 형용사와 같은 활용을 합니다.

예 行きたく ありません。

「동사 + たい」 앞의 조사는「が」와「を」가 거의 같이 쓰이고 있습니다.

예 コーラが/を 飲みたい 。
りんごが/を 食べたい。

3 ほしい もの : 갖고 싶은 것

「ほしい もの」의「もの」는 실질적인 의미가 없기 때문에 독립해서 사용되지 못하고, 수식어를 받아서만 사용되는 명사입니다. 이러한 명사를 일본어에서는 '형식명사'라고 하며, 우리말에서는 '의존명사'라고 합니다.

예 こと · もの · ほう · はず · わけ ········· 형식명사
것 · 일 · 수 · 적 : 바 ········· 의존명사

튼튼 문형 만들기

Track 034

1. 韓さんは 今(いま) [水(みず) / キムチ] が ほしいですか。

2. 私(わたし)は [ギター / バイオリン] が 買(か)いたいです。

3. いいえ、[いご / しょうぎ] は 習(なら)いたく ないです。

4. [サンドイッチ / ハンバーガー] は あまり ほしく ないです。

새로 나온 어구

- 水(みず) 물
- キムチ 김치
- ギター 기타
- 買(か)う 사다
- バイオリン 바이올린
- いご(囲碁) 바둑
- しょうぎ(将棋) 장기
- サンドイッチ 샌드위치
- ハンバーガー 햄버거

○ 문형으로 말하기

Track 035

A：韓さんは 今 何が ほしいですか。

B：私は 今 ギターが ほしいです。

A：酒井さんは いごが 習いたいですか。

B：いいえ、私は いごは 習いたく ないです。

A：孫さんは 今 サンドイッチが ほしいですか。

B：いいえ、サンドイッチは あまり ほしく ないです。

생생 듣기 연습

Track 036

※ 녹음된 일본어를 듣고 다음 ＿＿＿＿ 부분을 완성해 보세요.

1. 私は ＿＿＿＿ が ほしいです。
2. いろいろな ＿＿＿＿ の 試合が 見たいです。
3. ＿＿＿＿ 時 写真が 撮りたいです。
4. 私は カメラは あまり ＿＿＿＿ 。
5. 今 ＿＿＿＿ テニスの ラケットです。

실력 꾹!꾹! 다지기

1. 다음을 보기와 같이 동사에 「**たい**」를 붙여 완성하세요.

보기 行く + たい → 行きたい

① 見る + たい →
② 買う + たい →
③ 撮る + たい →
④ 習う + たい →
⑤ 食べる + たい →
⑥ 飲む + たい →

2. 다음 외래어를 **カタカナ**로 표기하세요.

① 라켓 (　　　　　　)
② 기타 (　　　　　　)
③ 스포츠 (　　　　　　)
④ 바이올린 (　　　　　　)
⑤ 샌드위치 (　　　　　　)
⑥ 햄버거 (　　　　　　)

3. 다음 일본어를 우리말로 옮기세요.

① 私は 今 バイオリンが ほしいです。

→ ________________________________

② 私は しょうぎは 習いたく ないです。

→ ________________________________

③ ハンバーガーは あまり ほしく ないです。

→ ________________________________

4. 다음 우리말을 일본어로 옮기세요.

① 지금 카메라를 제일 갖고 싶습니다.

→ ____________________

② 韓 씨는 어떤 것을 갖고 싶습니까?

→ ____________________

③ 여행을 할 때 사진을 찍고 싶습니다.

→ ____________________

꼭! 꼭! 외워 두기

⊙ 동사 (13)

負(ま)ける : 지다, 패하다
待(ま)つ : 기다리다
守(まも)る : 지키다
回(まわ)る : 돌다, 회전하다
満(み)ちる : 차다, 가득하다
曲(ま)げる : 구부리다
まとめる : 정리하다
迷(まよ)う : 헤매다
見(み)える : 보이다
認(みと)める : 인정하다
間違(まちが)う : 틀리다
招(まね)く : 초대하다
回(まわ)す : 돌리다
見(み)せる : 보여 주다
見(み)る : 보다

UNIT 10

何に なりたいですか

학습 Point

~たがる
ほしがる

생생 회화

Track 037

木村： 古田(ふるた)さんは 将来(しょうらい) 何(なに)に なりたいですか。

古田： 私(わたし)は 将来 科学者(かがくしゃ)に なりたいと 思(おも)って います。

木村： 科学者に なって 研究所(けんきゅうじょ)で 働(はたら)きたいですか。

古田： いいえ、研究所では 働きたく ありません。
大学(だいがく)の先生(せんせい)に なる つもりです。

木村： 友達(ともだち)の 中井(なかい)さんは 何に なり**たがって います**か。

古田： 中井さんは 音楽家(おんがくか)に なり**たがって います**。

木村： 中井さんは ピアノを
ほしがって いますか。

古田： はい、たいへん
ほしがって います。

새로 나온 어구

- 古田(ふるた) 일본인의 성
- 将来(しょうらい) 장래
- なる 되다
- ~に なる ~이 되다
- 科学者(かがくしゃ) 과학자
- 思(おも)う 생각하다
- 研究所(けんきゅうじょ) 연구소
- つもり 작정, 예정
- 中井(なかい) 일본인의 성
- ~たがる ~(하)고 싶어 하다
- 音楽家(おんがくか) 음악가
- ほしがる 탐내다, 갖고 싶어 하다

○ 확실하게 이해하는 문법 이야기

1 ～に なる : ～이/가 되다

동사「なる」는 '어떤 지위나 상태가 되다'의 뜻이며, 조사「に」와 함께 쓰여 우리말의 '～이/가 되다'에 해당합니다.

예 私は 将来 医者に なりたいです。

2 つもり : 작정, 계획

「つもり」는 앞에 수식어를 필요로 하는 형식명사로서 자신의 생각이나 계획을 나타내는 말입니다. 우리말의 '작정 · 생각 · 계획 · 예정'에 해당합니다.

예 あした 帰る つもりです。

3 ～たがる : ～(하)고 싶어 하다

「～たがる」는 동사의「ます형」에 연결되어 다른 사람의 희망 · 욕구를 나타냅니다. 우리말의 '～(하)고 싶어 하다'에 해당합니다. 5단동사 활용을 하며 조사는「が」가 아니라「を」를 취합니다.

예 古田さんは 本を 読みたがって いる。

4 ほしがる : 갖고 싶어 하다

동사「ほしがる」는 다른 사람의 욕구를 나타내며, 그 대상으로「を」를 취합니다. 우리말의 '갖고 싶어 하다, 탐내다'에 해당합니다.

예 中井さんは ピアノを ほしがって いる。

튼튼 문형 만들기

Track 038

1. 私(わたし)は [政治家(せいじか) / 外交官(がいこうかん)] に なりたいと 思(おも)って います。

2. いいえ、[本屋(ほんや) / パン屋(や)] では 働(はたら)きたく ありません。

3. 古田(ふるた)さんは [大学(だいがく)の 教授(きょうじゅ) / アナウンサー] に なりたがって います。

4. 中井さんは [ゆびわ / ネックレス] を ほしがって います。

새로 나온 어구

□ 政治家(せいじか) 정치가 □ 外交官(がいこうかん) 외교관 □ 本屋(ほんや) 책방, 서점 □ パン屋(や) 빵집, 빵 가게
□ 教授(きょうじゅ) 교수 □ アナウンサー 아나운서 □ ゆびわ 반지 □ ネックレス 목걸이

○ 문형으로 말하기

Track 039

A : 古田さんは 将来 何に なりたいですか。

B : 私は 将来 外交官に なりたいです。

A : 科学者に なって 研究所で 働きたいですか。

B : いいえ、大学の 教授に なる つもりです。

A : 中井さんは ゆびわを ほしがって いますか。

B : はい、たいへん ほしがって います。

생생 듣기 연습

Track 040

※ 녹음된 일본어를 듣고 다음 ＿＿＿ 부분을 완성해 보세요.

1. 私は ＿＿＿＿＿＿ に なりたいと 思って います。
2. いいえ、研究所では ＿＿＿＿＿＿ ありません。
3. ＿＿＿＿＿＿ に なる つもりです。
4. 中井さんは 音楽家に ＿＿＿＿＿＿。
5. はい、＿＿＿＿＿＿。

실력 꾹!꾹! 다지기

1. 다음 ( ) 안에 **読みがな**를 써 넣으세요.

① 科学者 ( )　② 研究所 ( )

③ 音楽家 ( )　④ 政治家 ( )

⑤ 教授 ( )　⑥ 外交官 ( )

2. 다음 단어의 뜻을 ( ) 안에 써 넣으세요.

① しょうらい ( )　② おもう ( )

③ つもり ( )　④ ほしがる ( )

⑤ ほんや ( )　⑥ ゆびわ ( )

3. 다음 일본어를 우리말로 옮기세요.

① 私は 政治家に なりたいと 思って います。

→ ______________________________

② いいえ、パン屋では 働きたく ありません。

→ ______________________________

③ 古田さんは アナウンサーに なりたがって います。

→ ______________________________

4. 다음 우리말을 일본어로 옮기세요.

① 당신은 장래 무엇이 되고 싶습니까?

→ ______________________________

② 저는 대학 교수가 될 작정입니다.

→ ______________________________

③ 中井 씨는 목걸이를 갖고 싶어 합니다.

→ ______________________________

꼭! 꼭! 외워 두기

⊙ 동사 (14)

向(む)ける : 향하다	もうける : 벌다	燃(も)える : 타다
用(もち)いる : 사용하다	持(も)つ : 가지다, 들다	求(もと)める : 구하다
もらう : 받다	焼(や)く : 태우다	焼(や)ける : 구워지다
休(やす)む : 쉬다, 자다	破(やぶ)る : 깨다, 찢다	止(や)める : 그만두다

UNIT 11

野菜で 料理を 作ります

학습 Point ～で
～から

생생 회화

Track 041

石川： 古山さんは 今 台所で 何を して いますか。

古山： 私は 今 肉と 野菜で 料理を 作って います。

石川： とても いい においが しますね。

古山： おいしいか、どうか 分かりません。食べて 見て下さい。

石川： 何で 味を つけましたか。

古山： しょうゆと 塩で 味を つけました。

石川： しょうゆと いうのは 何から 作りますか。

古山： しょうゆは 大豆から 作ります。

새로 나온 어구

- 古山(ふるやま) 일본인의 성
- 台所(だいどころ) 부엌
- 肉(にく) 고기
- ～で ～(으)로
- 料理(りょうり) 요리
- 作(つく)る 만들다
- におい 냄새
- においが する 냄새가 나다
- 味(あじ) 맛
- 味を つける 맛을 내다
- しょうゆ 간장
- 塩(しお) 소금
- ～から ～(으)로
- 大豆(だいず) 콩, 대두

확실하게 이해하는 문법 이야기

1 肉と 野菜で : 고기와 야채로

「野菜で」의 「で」는 '재료'를 나타내는 조사입니다. 우리말의 '~(으)로'에 해당합니다.

예 こむぎこで パンを 作ります。
もちごめで もちを 作ります。

2 大豆から 作ります : 콩으로 만듭니다

「大豆から」의 「から」도 '재료'를 나타내는 조사로서 우리말의 '~(으)로'에 해당합니다.

예 ビールは むぎから 作ります。
ワインは ぶどうから 作ります。

※ 재료의 성질에 큰 변화가 없으면 「で」가 쓰이고, 성질이 크게 달라지면 「から」가 쓰입니다.

3 いい においが しますね

「においが する」는 '냄새가 나다'의 뜻입니다. 「する」에는 「~が する」의 용법으로 감각기관을 통하여 느끼는 현상을 나타내는 용법이 있습니다.

예 いい 味が する。
いい 香りが する。

4 おいしいか、どうか

「おいしいか、どうか」의 「~か、どうか」는 우리말의 '~(일)지 어떤지, ~(할)지 어떨지'의 뜻을 나타내는 표현입니다.

예 あした 行くか どうか、分かりません。

튼튼 문형 만들기

Track 042

1. 肉(にく)と [小麦粉(こむぎこ) / さとう] で 料理(りょうり)を 作(つく)って います。

2. とても いい [音(おと) / 香(かお)り] が しますね。

3. みそと [にんにく / とうがらし] で 味(あじ)を つけました。

4. [ビール / 清酒(せいしゅ)] は [麦(むぎ) / 米(こめ)] から 作ります。

새로 나온 어구

- 小麦粉(こむぎこ) 밀가루, 소맥분
- さとう(砂糖) 설탕
- 音(おと) (사물의) 소리
- 香(かお)り 향기, 향내
- みそ 된장
- にんにく 마늘
- とうがらし 고추
- 麦(むぎ) 보리
- 清酒(せいしゅ) 청주
- 米(こめ) 쌀

○ 문형으로 말하기

Track 043

A : 何で 料理を 作って いますか。

B : 野菜と 小麦粉で 料理を 作って います。

A : 何で 味を つけましたか。

B : にんにくと とうがらしで 味を つけました。

A : 清酒と いうのは 何から 作りますか。

B : 清酒は 米から 作ります。

생생 듣기 연습

Track 044

※ 녹음된 일본어를 듣고 다음 부분을 완성해 보세요.

1. 肉と 野菜で ＿＿＿＿＿＿ を 作って います。
2. とても ＿＿＿＿＿＿ が しますね。
3. ＿＿＿＿＿＿、どうか 分かりません。
4. しょうゆと 塩で ＿＿＿＿＿＿。
5. ＿＿＿＿＿＿。

실력 꾹!꾹! 다지기

1. 다음 단어를 한자나 **ひらかな**로 표기하세요.

① 요리 (　　　　　　　)　　② 냄새 (　　　　　　　)

③ 콩 (　　　　　　　)　　④ 향기 (　　　　　　　)

⑤ 마늘 (　　　　　　　)　　⑥ 고추 (　　　　　　　)

2. 다음 어구를 일본어로 옮기세요.

① 냄새가 나다 → (　　　　　　　　　　)

② 향기가 나다 → (　　　　　　　　　　)

③ 맛을 내다 → (　　　　　　　　　　)

3. 다음 일본어를 우리말로 옮기세요.

① 肉と さとうで 料理を 作って います。

→ ____________________

② みそと にんにくで 味を つけました。

→ ____________________

③ ビールと いうのは 何から 作りますか。

→ ____________________

4. 다음 우리말을 일본어로 옮기세요.

① 지금 부엌에서 무엇을 하고 있습니까?

→ ____________________

② 아주 좋은 소리가 나는군요.

→ ____________________

③ 청주와 설탕으로 맛을 냈습니다.

→ ____________________

꼭! 꼭! 외워 두기

⊙ 동사 (15)

譲(ゆず)る : 양보하다	許(ゆる)す : 허락하다	酔(よ)う : 취하다
呼(よ)ぶ : 부르다	蘇(よみがえ)る : 되살아나다	読(よ)む : 읽다
寄(よ)る : 들르다	喜(よろこ)ぶ : 기뻐하다	分(わ)かる : 알다(이해)
詫(わ)びる : 사과하다	分(わ)ける : 나누다	笑(わら)う : 웃다

UNIT 12

音楽を 聞きながら 休みました

학습 Point
- ～ながら
- ～たり

생생 회화

Track 045

呉: きのうの 日曜日(にちようび)は どこかへ 行きましたか。

山口: いいえ、きのうは 一日中(いちにちじゅう) うちで 音楽(おんがく)を 聞(き)きながら 休(やす)みました。

呉: 日曜日は うちに いる 方(ほう)が 多(おお)いですか。

山口: はい、たいてい うちで 本(ほん)を 読(よ)んだり、テレビを見(み)たり して います。呉さんは どうですか。

呉: 私(わたし)も あまり でかけません。
日曜日は どこも 込んでいるから、
うちで ビデオでも 見ながら
ゆっくり 休んで います。

새로 나온 어구

□ ～ながら ～(하)면서 □ 聞(き)きながら 들으면서 □ ～たり ～(하)거나, ～(하)기도 하고 □ 呉(オ) 한국인의 성
□ 込(こ)む 붐비다, 혼잡하다 □ ～から ～(하)니까, ～(하)므로 □ ～でも ～(이)라도 □ ゆっくり 천천히 □ ゆっくり 休む 푹 쉬다

○ 확실하게 이해하는 문법 이야기

1 聞きながら : 들으면서

「ながら」는 동사의 「ます형」에 연결되어 두 동작이 동시에 행해짐을 나타냅니다. 따라서 「~ながら」는 우리말의 '~(하)면서'에 해당합니다.

예 テレビを 見ながら ご飯を 食べます。
ラジオを 聞きながら 勉強を します。

2 本を 読んだり : 책을 읽거나

「たり」는 '열거'를 나타내는 조사로서 우리말의 '~(하)거나, ~(하)기도 하고'에 해당합니다. 「て」나 「た」와 마찬가지로 동사의 「ます형」에 연결되며, 5단동사일 경우 음편이 일어납니다. 보통 「~たり ~たり する」의 형으로 많이 쓰입니다.

예 行ったり 来たり する。
本を 読んだり テレビを 見たり する。

3 込んで いるから : 혼잡하기 때문에

「から」는 접속조사로서 동사나 형용사 등의 기본형에 연결되어 '원인 · 이유'를 나타냅니다. 우리말의 '~(하)니까, ~(하)므로, ~(하)기 때문에'에 해당합니다.

※ 명사에 붙은 「から(~부터, ~에서)」와는 구별을 해야 합니다.

예 高いから 買いません。
ソウルから 釜山まで、

튼튼 문형 만들기

Track 046

1. きのうは [昼寝(ひるね)を し / 小説(しょうせつ)を 読(よ)み] ながら 休(やす)みました。

2. 日曜日(にちようび)は [実験室(じっけんしつ) / 資料室(しりょうしつ)] に いる 方(ほう)が 多(おお)いです。

3. [詩(し) / 伝記(でんき)] を 読んだり、ラジオを 聞(き)いたり して います。

4. [ドラマ / アニメ] でも 見(み)ながら ゆっくり 休んで います。

새로 나온 어구

- 昼寝(ひるね) 낮잠
- 昼寝を する 낮잠을 자다
- 小説(しょうせつ) 소설
- 実験室(じっけんしつ) 실험실
- 資料室(しりょうしつ) 자료실
- 詩(し) 시
- 伝記(でんき) 전기
- ドラマ 드라마
- アニメ 애니메이션

문형으로 말하기

Track 047

A : きのうの 日曜日は どこかへ 行きましたか。

B : いいえ、うちで 昼寝を しながら 休みました。

A : 土曜日は うちに いる 方が 多いですか。

B : いいえ、土曜日は 実験室に いる 方が 多いです。

A : 日曜日は たいてい 何を して いますか。

B : うちで 詩を 読んだり、ドラマを 見たり して います。

생생 듣기 연습

Track 048

※ 녹음된 일본어를 듣고 다음 ______ 부분을 완성해 보세요.

1. きのうは ______ 音楽を 聞きながら 休みました。
2. ______ は うちに いる 方が 多いですか。
3. うちで ______ して います。
4. 私も ______。
5. ビデオでも 見ながら ______。

실력 꾹!꾹! 다지기

1. 다음을 보기와 같이 동사에 「たり」를 붙여 완성하세요.

보기 見る + たり → 見たり

① 聞く + たり →

② する + たり →

③ 休む + たり →

④ 行く + たり →

⑤ 来る + たり →

⑥ でかける + たり →

2. 다음을 한자는 ひらがな로, ひらがな는 한자로 옮기세요.

① 音楽 (　　　　　　)

② ひるね (　　　　　　)

③ 実験室 (　　　　　　)

④ でんき (　　　　　　)

⑤ 資料室 (　　　　　　)

⑥ しょうせつ (　　　　　　)

3. 다음 일본어를 우리말로 옮기세요.

① きのうは 小説を 読みながら 休みました。

→ ____________________

② 伝記を 読んだり、ラジオを 聞いたり して います。

→ ____________________

③ 日曜日は どこも 込んで いるから、うちに います。

→ ____________________

4. 다음 우리말을 일본어로 옮기세요.

① 일요일은 자료실에 있는 편이 많습니다.

→ ______________________________

② 시를 읽거나 음악을 듣거나 하고 있습니다.

→ ______________________________

③ 애니메이션이라도 보면서 푹 쉬고 있습니다.

→ ______________________________

꼭! 꼭! 외워 두기

⊙ 인체 (1)

頭(あたま) : 머리	あご : 턱	足(あし) : 발, 다리
足裏(あしうら) : 발바닥	足首(あしくび) : 발목	足の甲(あしのこう) : 발등
足指(あしゆび) : 발가락	胃(い) : 위	腕(うで) : 팔
えくぼ : 보조개	奥歯(おくば) : 어금니	顔(かお) : 얼굴
肩(かた) : 어깨	髪(かみ) : 머리카락	肝(きも) : 간
口(くち) : 입	口ひげ(くちひげ) : 콧수염	唇(くちびる) : 입술
首(くび) : 목	血液(けつえき) : 혈액	

UNIT 13

韓国語の 方が 難しいです

학습 Point

- ～より
- ～し
- ～ほど

생생 회화

Track 049

木下: 韓国語(かんこくご)と 日本語(にほんご)とでは どちらが 難(むずか)しいですか。

田中: 私(わたし)は 韓国語の 方(ほう)が 日本語より 難しいと 思(おも)います。
木下(きのした)さんは どう 思いますか。

木下: 韓国語は 日本語より 発音(はつおん)も 難しいし、文法(ぶんぽう)も 難しいと
思います。中川(なかがわ)さんは どう 思いますか。

中川: よく 分(わ)かりませんが、どちらも 難しいと 思います。
韓国語を 習(なら)って いる 人(ひと)は 多(おお)いですか。

田中: 最近(さいきん) ずいぶん 増(ふ)えましたが、
中国語(ちゅうごくご)を 習って いる 人(ひと)ほど
多(おお)く ないです。

새로 나온 어구

□ 難(むずか)しい 어렵다　□ ～より ～보다　□ 木下(きのした) 일본인의 성　□ 発音(はつおん) 발음　□ ～し ～(하)고, ～(하)며
□ 文法(ぶんぽう) 문법　□ 中川(なかがわ) 일본인의 성　□ よく 잘, 자주　□ 最近(さいきん) 최근(에)　□ ずいぶん 상당히, 꽤
□ 増(ふ)える 늘다, 늘어나다　□ ～ほど ～정도, ～만큼

○ 확실하게 이해하는 문법 이야기

1 비교용법

일본어에서 어떠한 것을 비교할 때는 비교의 기준을 나타내는 조사「より」를 써서 표현합니다. 이때의「より」는 우리말의 '~보다'에 해당합니다.

예 ソウルは 釜山より 大きい。

이때 '분야 · 방면'을 나타내는「方」를 쓸 수도 있습니다.

예 ソウルの 方が 釜山より 大きい。

2 難しいと 思います : 어렵다고 생각합니다

「難しいと」의「と」는 앞의 내용이나 말을 '인용'하는 경우에 사용되는 조사로서 우리말의 '~(라)고'에 해당합니다.

예 私は 山田と 言います。

3 発音も 難しいし : 발음도 어렵고

「難しいし」의「し」는 접속조사로서 동사나 형용사 등의 기본형에 연결되어 '열거'를 나타냅니다. 우리말의 '~(하)며, ~(하)고'에 해당합니다.

예 勉強も するし、運動も します。

4 ~ほど : ~쯤 / ~만큼

「ほど」는 조사로서 긍정문에 쓰이면 '정도(~쯤)'를 나타내며, 부정문에 쓰이면 '비교의 기준(~만큼)'을 나타냅니다.

예 三時間ほど かかる。
きのうほど 寒くない。

※ '정도'를 나타낼 경우,「ほど」는「くらい[ぐらい]」와 거의 같이 쓰입니다.

튼튼 문형 만들기

Track 050

1. 国語(こくご) / 仮名(かな) の 方(ほう)が 英語(えいご) / 漢字(かんじ) より 易(やさ)しいです。

2. 文法(ぶんぽう)も 難(むずか)しいし、単語(たんご) / 文字(もじ) も 難しいと 思(おも)います。

3. よく 分(わ)かりませんが、最近(さいきん) ずいぶん 減(へ)り / 増加(ぞうか)し ました。

4. 木下(きのした)さんは 中川(なかがわ)さんほど 優(やさ)しく / 厳(きび)しく ないです。

새로 나온 어구

- 国語(こくご) 국어
- 易(やさ)しい 쉽다
- 仮名(かな) 가나, 일본의 문자
- 漢字(かんじ) 한자
- 単語(たんご) 단어
- 文字(もじ) 문자
- 減(へ)る 줄다, 줄어들다
- 増加(ぞうか)する 증가하다
- 優(やさ)しい 자상하다, 부드럽다
- 厳(きび)しい 엄하다, 엄격하다

문형으로 말하기

Track 051

A : 国語と 英語とでは どちらが 易しいですか。

B : 国語の 方が 英語より 易しいと 思います。

A : 文法と 単語とでは どちらが 難しいですか。

B : 文法も 難しいし、単語も 難しいと 思います。

A : 木下さんは 中川さんより 優しいですか。

B : いいえ、木下さんは 中川さんほど 優しく ないです。

생생 듣기 연습

Track 052

※ 녹음된 일본어를 듣고 다음 ________ 부분을 완성해 보세요.

1. 韓国語と ________ では どちらが 難しいですか。
2. 韓国語は ________ も 難しいと 思います。
3. ________ 、どちらも 難しいと 思います。
4. 韓国語を 習って いる ________ 。
5. はい、________ 。

실력 꾹!꾹! 다지기

1. 다음 (　　) 안에 알맞은 말을 써 넣으세요.

① 韓国語(　　) 日本語(　　)では どちら(　　) 難しいですか。

② 文法(　　) 方が 発音(　　) 易しい(　　) 思います。

③ 読解(　　) 難しい(　　)、会話も 難しい(　　) 思います。

2. 다음 단어를 보기와 같이 한자와 **送りがな**로 나타내세요.

보기 むずかしい → 難しい

① おおい →　　　② おもう →

③ やさしい(쉽다) →　　　④ ふえる →

⑤ きびしい →　　　⑥ ならう →

3. 다음 일본어를 우리말로 옮기세요.

① 仮名の 方が 漢字より 易しいと 思います。

→ ____________________

② よく 分かりませんが、最近 ずいぶん 減りました。

→ ____________________

③ 中国語を 習って いる 人ほど 多く ないです。

→ ____________________

4. 다음 우리말을 일본어로 옮기세요.

① 일본어와 한국어에서는 어느 쪽이 쉽습니까?

→ ______________________________

② 발음도 어렵고, 문자도 어렵습니다.

→ ______________________________

③ 木下 씨는 中川 씨만큼 엄격하지 않습니다.

→ ______________________________

꼭! 꼭! 외워 두기

⊙ 인체 (2)

腰(こし) : 허리	舌(した) : 혀	染(し)み : 기미
小腸(しょうちょう) : 소장	白髪(しらが) : 흰머리	尻(しり) : 엉덩이
心臓(しんぞう) : 심장	腎臓(じんぞう) : 신장	すね : 정강이
背中(せなか) : 등	そばかす : 주근깨	大腸(だいちょう) : 대장
血(ち) : 피	つむじ : 가마	つめ : 손톱/발톱
手(て) : 손	手首(てくび) : 손목	手(て)の甲(こう) : 손등
手(て)のひら : 손바닥	にきび : 여드름	

UNIT 14

登った ことが あります

학습 Point ～た ことが ある

생생 회화

Track 053

山口： 野村さんは 登山が 好きですか。

野村： はい、私は 登山が 大好きです。

山口： 高い 山に 登った ことが ありますか。

野村： はい、登った ことが あります。
日本の 有名な山には たいてい 登りました。

山口： 富士山にも 登った ことが ありますか。

野村： はい、何度も 登りました。

山口： 富士山には 珍しい 植物が ありますか。

野村： 途中には 珍しい 植物が ありますが、山の 上の方には 一本も ありません。岩ばかりです。

새로 나온 어구

- 野村(のむら) 일본인의 성
- 登山(とざん) 등산
- 登(のぼ)る 오르다, 올라가다
- こと ～일, ～적, ～수, ～것
- 富士山(ふじさん) 후지산, 일본의 산
- 何度(なんど) 몇 번
- 植物(しょくぶつ) 식물
- 途中(とちゅう) 도중
- 一本(いっぽん) 한 그루
- 岩(いわ) 바위
- ～ばかり ～쯤, ～뿐

확실하게 이해하는 문법 이야기

1 登山 : 등산

우리말의 '등산'에 해당하는 일본어는 「山登り」와 「登山」가 있습니다. 전자는 가벼운 복장으로 산에 오르는 것을 말하며, 후자는 완전한 복장과 장비를 갖춘 본격적인 산행을 말합니다.

2 登った ことが ある : 올라간 적이 있다

「～た ことが ある」는 '～(한) 적이 있다'의 뜻의 '경험'을 나타내는 표현입니다. 형식명사 「こと」의 앞에는 「た」가 붙은 동사의 과거형이 옵니다.

예 日本へ 行った ことが ある。
韓国に 来た ことが ある。

3 何度も : 몇 번이나

「何度」의 「～度(ど)」는 '횟수'를 나타내며, 우리말의 '～번'에 해당합니다. 「何度も」는 '몇 번이나'의 뜻이 됩니다. 같은 '횟수'를 나타내는 말에 「～回(かい)」도 있습니다.

예 一度 · 二度 · 三度 · 四度 · 五度 ……… 何度
一回 · 二回 · 三回 · 四回 · 五回 ……… 何回

4 一本 : 한 그루

앞에서 배웠지만, 「一本」의 「～本(ほん·ぼん·ぽん)」은 연필이나 병, 담배, 나무처럼 둥글고 긴 것을 셀 때 쓰는 단위입니다.

5 岩ばかり : 바위뿐

「ばかり」에는 '한정'과 '정도'를 나타내는 용법이 있습니다.

예 日本語ばかり 習う。 ……… 〈한정〉
三つばかり 下さい。 ……… 〈정도〉

튼튼 문형 만들기

Track 054

1. 私(わたし)は 納豆(なっとう)が [すごく 好(す)き / 大嫌(だいきら)い] です。

2. [東京(とうきょう)に 住(す)んだ / 会社(かいしゃ)を 止(や)めた] ことが ありますか。

3. はい、[けがを した / 病気(びょうき)を した] ことが あります。

4. 珍(めずら)しい [宝石(ほうせき) / ダイヤ] が たくさん あります。

새로 나온 어구

- 納豆(なっとう) 낫토, 일본 청국장
- すごい 굉장하다, 대단하다
- 大嫌(だいきら)いだ 아주 싫어하다
- 住(す)む 살다
- 止(や)める 그만두다, 중지하다
- けが 다침, 부상
- けがを する 다치다, 부상을 입다
- 病気(びょうき) 병, 질병
- 病気を する 병을 앓다, 아프다
- 宝石(ほうせき) 보석
- ダイヤ 다이아몬드

문형으로 말하기

Track 055

A : 野村さんは 納豆が 好きですか。

B : はい、私は 納豆が すごく 好きです。

A : 東京に 住んだ ことが ありますか。

B : いいえ、東京に 住んだ ことは ありません。

A : 最近 病気を した ことが ありますか。

B : はい、最近 病気を した ことが あります。

생생 듣기 연습

Track 056

※ 녹음된 일본어를 듣고 다음 ＿＿＿ 부분을 완성해 보세요.

1. はい、私は ＿＿＿＿＿＿ が 大好きです。
2. ＿＿＿＿＿＿ に 登った ことが ありますか。
3. ＿＿＿＿＿＿ 山には たいてい 登りました。
4. 途中には ＿＿＿＿＿＿ が あります。
5. 山の 上の 方には ＿＿＿＿＿＿ 。

실력 꾹!꾹! 다지기

1. 다음 (　　) 안에 **読みがな**를 써 넣으세요.

① 登山 (　　　　　　　　)　② 何度 (　　　　　　　　)

③ 植物 (　　　　　　　　)　④ 途中 (　　　　　　　　)

⑤ 病気 (　　　　　　　　)　⑥ 宝石 (　　　　　　　　)

2. 다음 단어의 뜻을 (　　) 안에 써 넣으세요.

① のぼる (　　　　　　　　)　② いわ (　　　　　　　　)

③ すごい (　　　　　　　　)　④ やめる (　　　　　　　　)

⑤ けが (　　　　　　　　)　⑥ すむ (　　　　　　　　)

3. 다음 일본어를 우리말로 옮기세요.

① いいえ、私は 納豆が 大嫌いです。

→ ______________________________

② 韓国の 有名な 山には たいてい 登りました。

→ ______________________________

③ はい、会社を 止めた ことが あります。

→ ______________________________

4. 다음 우리말을 일본어로 옮기세요.

① 저는 다친 적이 없습니다.

→ ______________________________

② 진귀한 다이아몬드가 많이 있습니다.

→ ______________________________

③ 산 위쪽에는 바위뿐입니다.

→ ______________________________

꼭! 꼭! 외워 두기

⊙ 인체 (3)

脳(のう) : 뇌	のど : 목구멍	歯(は) : 이, 치아
肺(はい) : 폐, 허파	歯(は)ぐき : 잇몸	肌(はだ) : 살갗, 피부
鼻(はな) : 코	鼻(はな)くそ : 코딱지	鼻毛(はなげ) : 코털
腹(はら) : 배	ひげ : 수염	ひざ : 무릎
ひじ : 팔꿈치	ひとみ : 눈동자	皮膚(ひふ) : 피부
ふくらはぎ : 장딴지		

UNIT 15

韓国語が できますか

학습 Point **가능표현 (1)**

생생 회화

Track 057

池田： 松本(まつもと)さんは 韓国語(かんこくご)が できますか。

松本： はい、私(わたし)は 韓国語が できます。

池田： 中国語(ちゅうごくご)も できますか。

松本： 中国語は 少(すこ)ししか できません。
池田(いけだ)さんは 英語(えいご)を 話(はな)す ことが できますか。

池田： はい、話す ことが できます。

松本： それでは、読(よ)む ことも 書(か)く ことも できますね。

池田： はい、大体(だいたい) できます。

松本： 辞書(じしょ)を 引(ひ)かずに 英語の 新聞(しんぶん)を 読む ことが できますか。

池田： はい、大体 読む ことが できます。

새로 나온 어구

- **松本(まつもと)** 일본인의 성
- **池田(いけだ)** 일본인의 성
- **できる** 할 수 있다, 생기다, 되다
- **~ね** ~(하)지요? ~(이)지요?
- **大体(だいたい)** 대체로
- **~ずに** ~(하)지 않고
- **引(ひ)かずに** 찾지 않고

○ 확실하게 이해하는 문법 이야기

1 가능표현

'~(할) 수 있다'라는 '가능'의 뜻을 나타내는 가능표현에는 크게 4가지가 있는데, 여기에서는 먼저 2가지를 공부하겠습니다.

① 「できる」의 사용

동사 「できる」에는 '~(할) 수 있다'는 '가능'의 뜻이 있습니다. 「できる」는 자동사이므로 앞에 조사 「を」를 취하지 않고 「が」를 취합니다.

예 英語が できる。

② 「~ことが できる」의 사용

「동사 + ことが できる」의 형으로 '가능'의 뜻을 나타내며, 이때 동사는 기본형(연체형)이 그대로 쓰입니다.

예 見る ことが できる。

2 できますね

「できますね」의 「ね」는 종조사로서 앞에서 공부한 대로, ①가벼운 감동 또는 감탄, ②상대방에 대한 다짐 또는 확인을 나타냅니다.

예 書く ことも できますね。

① 쓸 수도 있겠군요! ……… 감탄

② 쓸 수도 있지요? ……… 확인

3 引かずに : 찾지 않고

「引かずに」의 「~ずに」는 '부정'의 뜻을 지닌 것으로 「~ないで」와 마찬가지입니다. 우리말의 '~(하)지 않고'에 해당합니다.

예 ご飯も 食べずに、

○ 튼튼 문형 만들기

Track 058

1. 松本(まつもと)さんは [運転(うんてん) / 通訳(つうやく)] が できますか。

2. 私(わたし)は [英会話(えいかいわ) / アラブ語(ご)] は 少(すこ)ししか できません。

3. 池田(いけだ)さんは 速(はや)く [走(はし)る / 泳(およ)ぐ] ことが できますか。

4. はい、[試験(しけん)を 受(う)ける / 漢字(かんじ)を 覚(おぼ)える] ことが できます。

새로 나온 어구

□ 運転(うんてん) 운전　□ 通訳(つうやく) 통역　□ 英会話(えいかいわ) 영어회화　□ アラブ語(ご) 아랍어
□ 速(はや)い 빠르다　□ 走(はし)る 달리다　□ 泳(およ)ぐ 헤엄치다　□ 試験(しけん) 시험　□ 受(う)ける 받다, 치다 치르다
□ 試験を 受ける 시험을 치다　□ 覚(おぼ)える 외우다, 익히다

문형으로 말하기

Track 059

A : あなたは 車の 運転が できますか。

B : はい、私は 車の 運転が できます。

A : 松本さんは 英会話も できますか。

B : いいえ、英会話は 少ししか できません。

A : 池田さんは 速く 走る ことが できますか。

B : はい、私は 速く 走る ことが できます。

생생 듣기 연습

Track 060

※ 녹음된 일본어를 듣고 다음 ______ 부분을 완성해 보세요.

1. はい、私は ______ が できます。
2. 中国語は ______ できません 。
3. 池田さんは ______ ことが できますか。
4. ______ 書く ことも できますね。
5. はい、大体 ______ 。

실력 꾹!꾹! 다지기

1. 다음 동사를 보기와 같이 한자와 **送りがな**로 나타내세요.

보기 おきる → 起きる

① はなす →　　② ひく →

③ うける →　　④ はしる →

⑤ およぐ →　　⑥ おぼえる →

2. 다음 단어의 뜻을 (　　) 안에 써 넣으세요.

① 할 수 있다 (　　　　)　　② 대체로 (　　　　)

③ 빠르다 (　　　　)　　④ 조금 (　　　　)

⑤ 아랍어 (　　　　)　　⑥ 영어회화 (　　　　)

3. 다음 일본어를 우리말로 옮기세요.

① 松本さんは 韓国語の 通訳が できますか。

→ ______________________________

② いいえ、私は 速く 泳ぐ ことが できません。

→ ______________________________

③ あしたは 試験を 受ける ことが できます。

→ ______________________________

4. 다음 우리말을 일본어로 옮기세요.

① 아니오, 아랍어는 조금밖에 못합니다.

→ ______________________________

② 예, 한자를 익힐 수 있습니다.

→ ______________________________

③ 일본어는 읽을 수도 쓸 수도 있습니다.

→ ______________________________

꼭! 꼭! 외워 두기

⊙ 인체 (4)

ふけ : 비듬	ほお : 뺨	骨(ほね) : 뼈
まつげ : 속눈썹	まゆげ : 눈썹	まぶた : 눈꺼풀
耳(みみ) : 귀	耳(みみ)あか : 귀지	胸(むね) : 가슴
目(め) : 눈	目(め)くそ : 눈곱	目玉(めだま) : 눈알
盲腸(もうちょう) : 맹장	もも : 넓적다리	やえば : 덧니
横腹(よこばら) : 옆구리		

UNIT 16

日本語が 話せますか

학습 Point 가능표현 (2)

생생 회화

Track 061

先生：　スミスさんは 日本語(にほんご)が 話(はな)せますか。

スミス：少(すこ)しは 話せますが、まだ 上手(じょうず)には 話せません。

先生：　漢字(かんじ)が 読(よ)めますか。

スミス：平仮名(ひらがな)と 片仮名(かたかな)は 読めますが、漢字は 少しも読めません。

先生：　日本語で 電話(でんわ)が かけられますか。

スミス：はい、日本語で 電話も なんとか かけられるようになりました。しかし、ときどき 聞き取れない ことが あります。

새로 나온 어구

- スミス 미국인의 성
- 話(はな)せる 말할 수 있다
- まだ 아직
- 上手(じょうず)だ 잘하다, 능숙하다
- 読(よ)める 읽을 수 있다
- 平仮名(ひらがな) 일본의 문자
- 片仮名(かたかな) 일본의 문자
- かけられる 걸 수 있다
- なんとか 겨우, 그럭저럭
- ように ~(하)도록, ~(할) 수 있게
- ときどき(時々) 때때로
- 聞(き)き取(と)る 알아듣다
- 聞き取れる 알아들을 수 있다

○ 확실하게 이해하는 문법 이야기

1 가능표현

가능표현 4가지 중 나머지 2가지를 공부합시다.

③「가능동사」의 사용

동사 자체 내에 가능의 뜻을 갖고 있는 동사를 가능동사라고 하며 이것은 5단동사의 어미 'ウ단'을 'エ단'으로 바꾼 후「る」를 붙여서 만들 수 있습니다.

예 話す → 話せる
読む → 読める

※ 일반적으로 가능동사 앞에는 조사「を」가 아니고「が」가 옵니다.

예 英語が 話せる
本が 読める

④「동사 + られる」의 사용

1단동사 및「来る」동사에 '가능'의 조동사「られる」를 연결하여 가능의 뜻을 나타냅니다. 5단동사는 가능동사를 만들어 나타내며「する」동사는 'できる'를 써서 가능의 뜻을 나타냅니다.

예 見る → 見られる
寝る → 寝られる
来る → 来られる

2 かけられるように : 걸 수 있도록, 걸 수 있게

「〜ように」는 동사의 기본형에 연결되어 '목적'을 나타내며, 우리말의 '〜(하)도록, 〜(하)게'에 해당합니다.

예 よく 分かるように 教えて 下さい。

튼튼 문형 만들기

Track 062

1. スミスさんは スペイン語(ご) / ポルトガル語(ご) が 話(はな)せますか。

2. いいえ、池田(いけだ)さんは 速(はや)く 走(はし)れません。 / 泳(およ)げません。

3. なんとか 起(お)きられる / 覚(おぼ)えられる ように なりました。

4. ときどき 寝(ね)られない / 来(こ)られない ことが あります。

새로 나온 어구

- スペイン語(ご) 스페인어
- ポルトガル語(ご) 포르투갈어
- 速(はや)い 빠르다
- 走(はし)れる 달릴 수 있다
- 泳(およ)げる 헤엄칠 수 있다
- 起(お)きられる 일어날 수 있다
- 覚(おぼ)えられる 익힐 수 있다
- 寝(ね)られる 잘 수 있다
- 来(こ)られる 올 수 있다

문형으로 말하기

Track 063

A : 池田さんは スペイン語が 話せますか。

B : 少しは 話せますが、まだ 上手には 話せません。

A : スミスさんは 漢字も 覚えられますか。

B : はい、なんとか 覚えられるように なりました。

A : 金さんは 日本語が 聞き取れますか。

B : ときどき 聞き取れない ことが あります。

생생 듣기 연습

Track 064

※ 녹음된 일본어를 듣고 다음 ＿＿＿ 부분을 완성해 보세요.

1. スミスさんは ＿＿＿＿＿＿ が 話せますか。
2. ＿＿＿＿＿＿ は 読めますが、漢字は 読めません。
3. 日本語で ＿＿＿＿＿＿。
4. 電話も なんとか ＿＿＿＿＿＿。
5. しかし、ときどき ＿＿＿＿＿＿。

실력 꾹!꾹! 다지기

1. 다음을 보기와 같이 「가능」의 뜻을 지닌 동사로 바꾸세요.

보기 話す → 話せる　　かける → かけられる

① 読む →　　② 起きる →

③ 走る →　　④ 覚える →

⑤ 泳ぐ →　　⑥ 来る →

2. 다음 외국어를 일본어 표기로 나타내세요.

① 프랑스어 (　　　　)　　② 독일어 (　　　　)

③ 스페인어 (　　　　)　　④ 포르투갈어 (　　　　)

⑤ 아랍어 (　　　　)　　⑥ 중국어 (　　　　)

3. 다음 일본어를 우리말로 옮기세요.

① スミスさんは ポルトガル語が 話せますか。

→ ______________________________

② いいえ、池田さんは 速く 走れません。

→ ______________________________

③ はい、なんとか 起きられるように なりました。

→ ______________________________

4. 다음 우리말을 일본어로 옮기세요.

① 당신은 스페인어를 말할 수 있습니까?

→ ______________________________

② 저는 일본어로 전화를 걸 수 있습니다.

→ ______________________________

③ 예, 때때로 잘 수 없을 때가 있습니다.

→ ______________________________

꼭! 꼭! 외워 두기

⊙ 동물 (1)

あじ : 전갱이

あなご : 붕장어

あひる : (집)오리

あり : 개미

あわび : 전복

いか : 오징어

いなご : (벼)메뚜기

犬(いぬ) : 개

いのしし : 멧돼지

いりこ : (마른)멸치

いわし : 정어리

うぐいす : 꾀꼬리

うさぎ : 토끼

牛(うし) : 소

うずら : 메추리

うなぎ : 뱀장어

UNIT 17

ハワイへ 行こうと 思います

학습 Point **동사 + う**

생생 회화

Track 065

池田： 今度(こんど)の ゴールデンウイークは どう する つもりですか。

松本： 少(すこ)し 海外旅行(かいがいりょこう)を したいと 思(おも)って います。

池田： どこへ 行(い)く 予定(よてい)ですか。

松本： アメリカの ハワイへ 行こうと 思って います。

池田： いつごろ でかける つもりですか。

松本： 試験(しけん)が 終(お)わってから でかけたいと 思って います。

池田： ニューヨークの 方まで 行く つもりですか。

松本： できるだけ 行(い)って みたいと 思って いますが、まだ 細(こま)かい 計画(けいかく)は 立てて いません。

새로 나온 어구

- 今度(こんど) 이번, 다음 번
- ゴールデンウイーク 황금연휴
- 海外(かいがい) 해외
- 予定(よてい) 예정
- ハワイ 미국의 지명
- ~う ~(하)겠다, ~(하)자
- いつ 언제
- ニューヨーク 미국의 지명
- できるだけ 될 수 있는 대로
- 細(こま)かい 잘다, 자세하다
- 計画(けいかく) 계획
- 立(た)てる 세우다

○ 확실하게 이해하는 문법 이야기

1 동사 + う(よう)

「う」 또는 「よう」는 조동사이며, 여기에 연결되는 동사의 활용형을 'う·よう형' 또는 '의지형'이라고 합니다. 「う」는 5단동사에, 그리고 「よう」는 그 밖의 동사에 연결됩니다.

예 行く+う → 行こう
起きる + よう → 起きよう
食べる + よう → 食べよう
来る + よう → 来(こ)よう
する + よう → しよう

2 「동사 + う」형의 의미 · 용법

「동사 + う」형의 의미 · 용법은 다음과 같습니다.

① 의지 : ~(하)겠다

예 あした 行こう。
あした 行きましょう。

② 권유 : ~(하)자

예 あした 行こう。
あした 行きましょう。

③ 추측 : ~(할) 것이다

현대일본어에서 '추측'의 경우는 「だろう(だ+う)」와 이보다 더 공손한 「でしょう(です+う)」를 써서 나타냅니다.

예 あした 行くだろう。
あした 行くでしょう。

「동사 + よう」형에 대해서는 다음 과에서 살펴보기로 합시다.

3 まだ 立てて いません

「まだ」는 '아직, 여태까지'의 의미로, 동작이 완료된 상태를 나타내는 문장 「~ました, ~でした」에서는 사용할 수가 없으며, 「~て いる」의 문장에서 자주 사용됩니다.

예 まだ 結婚して いません。

○ 튼튼 문형 만들기

Track 066

1. 今度(こんど)の
   - 夏休(なつやす)み
   - 冬休(ふゆやす)み

   は どう する つもりですか。

2. 私は
   - 先(さき)に 帰(かえ)ろう
   - お金(かね)を 返(かえ)そう

   と 思(おも)って います。

3. 松本さんは いつごろ
   - 出発(しゅっぱつ)する
   - 到着(とうちゃく)する

   予定(よてい)ですか。

4. 私(わたし)は
   - 画家(がか)
   - 作家(さっか)

   に なろうと 思って います。

새로 나온 어구

□ 夏休(なつやす)み 여름 방학 □ 冬休(ふゆやす)み 겨울 방학 □ 先(さき)に 먼저 □ 返(かえ)す 돌려주다, 갚다
□ 出発(しゅっぱつ)する 출발하다 □ 到着(とうちゃく)する 도착하다 □ 画家(がか) 화가 □ 作家(さっか) 작가

○ 문형으로 말하기

Track 067

A : 今度の 夏休みは どこへ 行く 予定ですか。

B : ハワイへ 行こうと 思って います。

A : いつごろ 本を 返す つもりですか。

B : 来月 本を 返そうと 思って います。

A : あなたは 将来 何に なりたいですか。

B : 私は 画家に なろうと 思って います。

생생 듣기 연습

Track 068

※ 녹음된 일본어를 듣고 다음 ______ 부분을 완성해 보세요.

1. 少し ______ を したいと 思って います。
2. ______ へ 行こうと 思って います。
3. いつごろ ______ 。
4. できるだけ ______ と 思って います 。
5. まだ ______ いません。

실력 꾹!꾹! 다지기

1. 다음을 한자는 **ひらがな**로, **ひらがな**는 한자로 옮기세요.

① 計画 (　　　　　　　　)　　② よてい (　　　　　　　　)

③ 出発 (　　　　　　　　)　　④ かいがい (　　　　　　　　)

⑤ 到着 (　　　　　　　　)　　⑥ さっか (　　　　　　　　)

2. 다음 어구를 일본어로 옮기세요.

① 계획을 세우다 →

② 돈을 갚다 →

③ 시험이 끝나다 →

3. 다음 일본어를 우리말로 옮기세요.

① 今度の 冬休みは どう する つもりですか。

→ ______________________________

② できるだけ 先に 帰ろうと 思って います。

→ ______________________________

③ 試験が 終わってから でかけたいと 思います。

→ ______________________________

4. 다음 우리말을 일본어로 옮기세요.

① 松本 씨는 언제쯤 출발할 예정입니까?

→ ______________________________

② 다음 달 저는 뉴욕에 갈 작정입니다.

→ ______________________________

③ 저는 작가가 되려고 생각하고 있습니다.

→ ______________________________

꼭! 꼭! 외워 두기

⊙ 동물 (2)

うに : 성게
えび : 새우
か : 모기
かえる : 개구리
かに : 게
かも : 물오리
馬(うま) : 말
おおかみ : 이리
貝(かい) : 조개
かささぎ : 까치
河馬(かば) : 하마
えい : 가오리
おしどり : 원앙새
蚕(かいこ) : 누에
かっこう : 뻐꾸기
亀(かめ) : 거북

UNIT 18

日本語を 勉強しようと 思います

학습 Point　동사 + よう

생생 회화

Track 069

山口: 申さんは 日本へ 行って、何の 勉強を しようと 思って いますか。

申 : 私は まず 日本語を 勉強しようと 思って います。それから 日本の 社会や 文化の 勉強も しようと思って います。

山口: 日本語と 日本の 社会や 文化の 勉強を して、どう する つもりですか。

申 : 韓国へ 帰って きて、日本語の 教育や 通訳、翻訳の 仕事を しようと 思って います。

山口: それは すごいですね。

새로 나온 어구

- 申(シン) 한국인의 성
- ~よう ~(하)겠다, ~(하)자
- まず 우선, 먼저
- 社会(しゃかい) 사회
- 文化(ぶんか) 문화
- 教育(きょういく) 교육
- 翻訳(ほんやく) 번역
- それは 그것 참

○ 확실하게 이해하는 문법 이야기

1 「동사 + よう」형의 의미 · 용법

「동사 + よう」형은 「동사 + う」형과 모양만 다를 뿐, 의미 · 용법은 같습니다.

① 의지 : ~(하)겠다

예 日本語を 勉強しよう。
　 日本語を 勉強しましょう。

② 권유 : ~(하)자

예 日本語を 勉強しよう。
　 日本語を 勉強しましょう。

※ 「동사 + う · よう」가 '의지'를 나타내는지, '권유'를 나타내는지의 구별은 앞뒤의 문맥상으로 판단해야 합니다.

③ 추측 : ~(할) 것이다

'추측'의 경우도 앞과의 설명처럼, 현대일본어에서는 동사의 기본형에 「だろう」와 「でしょう」를 붙여서 나타냅니다.

예 日本語を 勉強するだろう。 일본어를 공부할 것이다.
　 日本語を 勉強するでしょう。 일본어를 공부할 것입니다.

2 それは : 그것 참

「それは」에는 감동을 나타내는 부사로서의 용법도 있으며, 이 경우 우리말의 '그것 참, 정말로'에 해당합니다. 「それ(그것)」 + 「は(은/는)」와는 다르기 때문에 이에 대한 주의가 필요합니다.

예 それは 本です。 그것은 책입니다.
　 それは すごいですね。 그것 참 대단하군요.

튼튼 문형 만들기

Track 070

1. 私(わたし)は [銀行(ぎんこう)に 勤(つと)めよう / お金(かね)を ためよう] と 思(おも)って います。

2. 日本(にほん)の [政治(せいじ) / 経済(けいざい)] を 勉強(べんきょう)しようと 思って います。

3. [歴史(れきし) / 科学(かがく)] の 勉強を して、どう する つもりですか。

4. まず [大学(だいがく)に 入学(にゅうがく)しよう / 大学を 卒業(そつぎょう)しよう] と 思って います。

새로 나온 어구

- 勤(つと)める 근무하다
- ためる 모으다, 저축하다
- 政治(せいじ) 정치
- 経済(けいざい) 경제
- 歴史(れきし) 역사
- 科学(かがく) 과학
- 入学(にゅうがく)する 입학하다
- 卒業(そつぎょう)する 졸업하다

문형으로 말하기

Track 071

A : 申さんは どんな ことを しようと 思いますか。

B : まず お金を ためようと 思って います。

A : 日本語を 勉強して、どう する つもりですか。

B : 日本の 政治を 勉強しようと 思って います。

A : 韓国へ 帰って きて、どう する つもりですか。

B : 日本語の 通訳の 仕事を しようと 思います。

생생 듣기 연습

Track 072

※ 녹음된 일본어를 듣고 다음 ______ 부분을 완성해 보세요.

1. ______ どう する つもりですか。
2. まず 日本語を ______ と 思って います。
3. 日本の ______ の 勉強を する つもりです。
4. 日本語の ______ を したいと 思います。
5. ______。

실력 꾹!꾹! 다지기

1. 다음 동사를 보기와 같이 「う」 또는 「よう」를 붙여 완성하세요.

보기 行く → 行こう　　見る → 見よう

① 帰る →　　② する →

③ 来る →　　④ 返す →

⑤ 勤める →　　⑥ ためる →

2. 다음 (　) 안에 読みがな를 써 넣으세요.

① 社会 (　　　　)　　② 文化 (　　　　)

③ 教育 (　　　　)　　④ 政治 (　　　　)

⑤ 科学 (　　　　)　　⑥ 入学 (　　　　)

3. 다음 일본어를 우리말로 옮기세요.

① 私は 銀行に 勤めようと 思って います。

→ ____________________

② 歴史の 勉強を して、どう する つもりですか。

→ ____________________

③ まず 大学を 卒業しようと 思って います。

→ ____________________

4. 다음 우리말을 일본어로 옮기세요.

① 일본에서 무슨 공부를 할 예정입니까?

→ ______________________________

② 일본의 경제를 공부하려고 생각합니다.

→ ______________________________

③ 한국에 돌아와서 어떻게 할 계획입니까?

→ ______________________________

꼭! 꼭! 외워 두기

⊙ **동물 (3)**

かもめ : 갈매기
からす : 까마귀
がん : 기러기
きじ : 꿩
きたたき : 크낙새
きつね : 여우
きりん : 기린
孔雀(くじゃく) : 공작(새)
くじら : 고래
熊(くま) : 곰
くも : 거미
くらげ : 해파리
こい : 잉어
子犬(こいぬ) : 강아지
子牛(こうし) : 송아지
子馬(こうま) : 망아지

UNIT 19

遊びに 行っても いいですか

학습 Point ～ても いい

생생 회화 Track 073

原田： 三浦(みうら)さんの お宅(たく)へ 遊(あそ)びに 行(い)っても いいですか。

三浦： ああ、どうぞ 来(き)て 下さい。

原田： 家内(かない)も 行きたがって いますが、一緒(いっしょ)に 行っても いいでしょうか。

三浦： どうぞ 一緒に 来て 下さい。
奥(おく)さんが 一緒なら 昼間(ひるま)の 方(ほう)が いいでしょう。

原田： いいえ、夜(よる)でも かまいません。

三浦： 今度(こんど)の 日曜日(にちようび)は うちに いる つもりですから、昼(ひる)ごろに 来ませんか。

原田： はい、ありがとう ございます。

새로 나온 어구

- 三浦(みうら) 일본인의 성
- お宅(たく) 댁
- ~ても ~(하)여도
- ああ 아
- どうぞ 아무쪼록, 부디, 어서
- 家内(かない) 아내, 집사람
- 奥(おく)さん 부인, 사모님
- 一緒(いっしょ) 함께 함
- ~なら ~(이)라면, ~(하)면
- かまう 상관하다
- かまいません 괜찮습니다
- 昼(ひる)ごろ 점심 때

○ 확실하게 이해하는 문법 이야기

1 ～ても いい

「～ても いい」는 동사의 「～て형」, 형용사의 「～く형」에 연결되어 '허용'의 뜻을 나타냅니다. 우리말의 '～(해)도 좋다, ～(해)도 된다'에 해당합니다.

예 うちへ 帰っても いい。
今日は 遅くても いいです。

이 밖에 '허용'을 나타내는 표현에는 다음의 것들이 있습니다.

예 帰っても かまいません。
行っても よろしいです。
遅くても けっこうです。

2 「家内」와 「奥さん」

「家内」는 자기의 부인을 낮추어서 가리키는 말이며, 「奥さん」은 남의 부인을 높여서 부르는 말입니다. 일본어에서는 자기의 가족을 남에게 이야기할 때는 어른이라도 낮추어서 말하며, 남의 가족을 이야기할 때는 아이라도 높여서 말합니다.

예 아버지 : 父(ちち) → お父(とう)さん
어머니 : 母(はは) → お母(かあ)さん
형 · 오빠 : 兄(あに) → お兄(にい)さん
누나 · 언니 : 姉(あね) → お姉(ねえ)さん
남동생 : 弟(おとうと) → 弟さん
여동생 : 妹(いもうと) → 妹さん
아내 : 妻(つま)·家内(かない) → 奥(おく)さん
남편 : 主人(しゅじん) → ご主人

3 ～なら : ～라면

「～なら」는 '가정 · 조건'을 나타내며 체언이나 용언의 기본형에 연결됩니다. 우리말의 '～(이)라면, ～(하)면'에 해당합니다.

예 あなたが 行くなら 私も 行く。

튼튼 문형 만들기

Track 074

1. 来週(らいしゅう) [花火(はなび)に / 花見(はなみ)に] 行(い)っても いいですか。

2. [父(ちち) / 母(はは)] と 一緒(いっしょ)に 行っても いいでしょうか。

3. どうぞ、[食事(しょくじ)を 始(はじ)めても / 上着(うわぎ)を 脱(ぬ)いでも] いいです。

4. [お父(とう)さん / お母(かあ)さん] と 一緒に 来(き)ても いいです。

새로 나온 어구

- 花火(はなび) 불꽃, 불꽃놀이
- 花見(はなみ) 꽃구경, 꽃놀이
- 父(ちち) 아버지
- 母(はは) 어머니
- 始(はじ)める 시작하다
- 脱(ぬ)ぐ 벗다
- お父(とう)さん 아버지, 아버님
- お母(かあ)さん 어머니, 어머님

○ 문형으로 말하기

Track 075

A : 来週 花見に 行っても いいですか。

B : はい、花見に 行っても いいです。

A : 母と 一緒に 行っても いいでしょうか。

B : どうぞ お母さんと 一緒に 来て 下さい。

A : ちょっと 上着を 脱いでも いいですか。

B : はい、上着を 脱いでも かまいません。

생생 듣기 연습

Track 076

※ 녹음된 일본어를 듣고 다음 ______ 부분을 완성해 보세요.

1. ______ へ 遊びに 行っても いいですか。
2. 家内も ______ います。
3. どうぞ ______ 下さい。
4. ______ なら 昼間の 方が いいでしょう。
5. ______。

실력 꾹!꾹! 다지기

1. 다음 단어를 보기와 같이 한자와 **送りがな**로 나타내세요.

> 보기 たべる → 食べる

① あそび →
② こまかい →
③ はじめる →
④ ぬぐ →
⑤ なつやすみ →
⑥ ふゆやすみ →

2. 다음 단어의 뜻을 (　　) 안에 써 넣으세요.

① どうぞ (　　　　　　)
② ひるごろ (　　　　　　)
③ かない (　　　　　　)
④ しょくじ (　　　　　　)
⑤ はなび (　　　　　　)
⑥ いっしょに (　　　　　　)

3. 다음 일본어를 우리말로 옮기세요.

① 父と 一緒に 行っても いいでしょうか。

→ ______________________________

② どうぞ、食事を 始めても いいです。

→ ______________________________

③ 今度の 日曜日は うちに いる つもりです。

→ ______________________________

4. 다음 우리말을 일본어로 옮기세요.

① 내일 같이 가도 좋습니까?

→ ______________________________

② 아무쪼록 어머님과 같이 오십시오.

→ ______________________________

③ 일요일이라면 밤이라도 괜찮습니다.

→ ______________________________

꼭! 꼭! 외워 두기

⊙ 동물 (4)

ごきぶり : 바퀴벌레
魚(さかな) : 생선, 물고기
さぎ : 백로
さけ : 연어
さざえ : 소라
さなぎ : 번데기
さば : 고등어
さめ : 상어
猿(さる) : 원숭이
さわら : 삼치
さんま : 꽁치
鹿(しか) : 사슴
獅子(しし) : 사자
七面鳥(しちめんちょう) : 칠면조
しまうま : 얼룩말
雀(すずめ) : 참새

UNIT20. 실력 테스트(1)

1. 다음 중 단어의 뜻이 잘못 연결된 것은?

① あるく – 걷다　　② あう – 만나다
③ かす – 빌려 오다　　④ はいる – 들어가다

2. 다음 (　　) 안에 들어갈 알맞은 말은?

友達(　　)会って、漫画を 借りました。

① が　　② に　　③ を　　④ の

3. 다음 중 한자의 **読みがな**가 잘못된 것은?

① 仕事(しごと)　　② 営業(えいぎょう)
③ 言葉(ことば)　　④ 掃除(そうぜ)

4. 다음 ＿＿＿친 부분에 들어갈 알맞은 대답은?

A：晩ご飯を 食べてから、何を しますか。
B：＿＿＿＿＿＿＿＿＿＿＿＿

① 営業は 午後 十時に 終わります。
② たいてい 十二時半ごろです。
③ 辞書を 引いて 日本語を 勉強します。
④ 私は 毎日 六時ごろ 事務室を 出ます。

5. 다음 (　　) 안에 들어갈 알맞은 말을 차례로 배열한 것은?

一番 上(　　)名前(　　)住所(　　)書いて 下さい。

① に－と－を　　② の－で－を　　③ に－の－と　　④ の－に－と

6. 다음 중 **送りがな**의 표기가 잘못된 것은?

① おしえる → 教える　　② すわる → 座わる
③ わかる → 分かる　　④ みせる → 見せる

7. 다음 중 한자의 **読みがな**가 잘못된 것은?

① 韓国(かんごく)　　② 室内(しつない)
③ 宿題(しゅくだい)　　④ 教室(きょうしつ)

8. 다음 _____친 부분에 들어갈 알맞은 말은?

A : ________________________________
B : はい、あしたは 必ず 持って 来ます。

① 室内では 食べ物を 食べないで 下さい。
② あしたまで 待って 下さいませんか。
③ 今 フランス語で 何を 話しましたか。
④ あしたは 宿題を 忘れないで 下さい。

9. 다음 중 단어의 뜻이 잘못 연결된 것은?

① あいさつ – 인사
② どんな – 이러한
③ ひるま – 낮
④ わかれる – 헤어지다

10. 다음 중 외래어 표기가 잘못된 것은?

①コーヒー ② シャツ ③ プランス ④ ネクタイ

11. 다음 중 **送りがな**의 표기가 잘못된 것은?

① はいる → 入いる
② あける → 開ける
③ しめる → 閉める
④ わかれる → 別れる

12. 다음 _____친 부분에 들어갈 알맞은 대답은?

A : めがねを かけて いる 人は だれですか。
B : ________________________________

① 原田さんは ぼうしを かぶって います。
② はい、山口さんは もう 来て います。
③ あの 人は 人事部の 原田さんです。
④ 山口さんは 赤い シャツを 着て います。

13. 다음 중 동사의 음편이 잘못된 것은?

① 閉めて ある ② 置きて ある ③ 消して ある ④ 飾って ある

14. 다음 중 외래어 표기가 잘못된 것은?

① コート ② グラス ③ コップ ④ ラヂオ

15. 다음 중 단어의 뜻이 잘못 연결된 것은?

① うどん − 가락국수　② おでん − 어묵
③ さしみ − 메밀국수　④ ラーメン − 라면

16. 다음 ＿＿친 부분에 들어갈 알맞은 질문은?

A : ＿＿＿＿＿＿＿＿＿＿＿＿＿＿＿＿
B : そばは 好きでも きらいでも ありません。

① 木村さんは うどんが 好きですか。
② うどんが 好きですか、そばが 好きですか。
③ そばは 好きですか、きらいですか。
④ 木村さんは 毎日 そばを 食べて いますか。

17. 다음 중 어법상 틀린 곳이 있는 것은?

① 私は 今 キムチを ほしいです。
② カメラは あまり ほしく ないです。
③ 今 テニスの 試合が 見たいです。
④ 私は 今 ギターが 買いたいです。

18. 다음 중 의미에 있어서 나머지 셋과 공통점이 없는 것은?

① サンドイッチ　② ラーメン　③ バイオリン　④ ハンバーガー

19. 다음 중 한자의 **読みがな**가 잘못된 것은?

① 科学者(かがくじゃ)　②音楽家(おんがくか)
③ 政治家(せいじか)　④ 外交官(がいこうかん)

20. 다음을 한국어로 바르게 옮긴 것은?

中井さんは ゆびわを ほしがって います。

① 中井는 반지를 주고 싶어 합니다.　② 中井는 목걸이를 갖고 싶어 합니다.
③ 中井는 반지를 갖고 싶어 합니다.　④ 中井는 목걸이를 주고 싶어 합니다.

21. 다음 「で」의 용법 중 '재료'를 나타내는 것이 아닌 것은?

① しょうゆと 塩で 味を つけました。
② 今 台所で 料理を 作って います。
③ みそと にんにくで 味を つけました。
④ 肉と 野菜で 料理を 作って います。

22. 다음 중 의미에 있어서 나머지 셋과 공통점이 없는 것은?

① サッカー　② ボウリング　③ スキー　④ ネックレス

23. 다음 (　) 안에 들어갈 알맞은 말을 차례로 배열한 것은?

A : 日曜日は (　　) 何を して いますか。
B : テレビ(　　) 見(　　) ゆっくり 休んで います。

① たいてい - でも - ながら　② たぶん - にも - たり
③ たいてい - にも - ながら　④ たぶん - でも - たり

24. 다음 ____친 부분에 들어갈 알맞은 대답은?

A : きのうの 日曜日は どこかへ 行きましたか。
B : ______________________________

① 詩を 読んだり、ドラマを 見たり して います。
② たいてい 日曜日は どこも 込んで います。
③ いいえ、うちで 昼寝を しながら 休みました。
④ ええ、日曜日は うちに いる 方が 多いです。

25. 다음 중 의미에 있어서 나머지 셋과 공통점이 없는 것은?

① はつおん　② にんにく　③ たんご　④ ぶんぽう

26. 다음 중 **送りがな**의 표기가 잘못된 것은?

① やさしい → 易しい　② かりる → 借りる
③ みじかい → 短かい　④ ふえる → 増える

27. 다음 중 어법상 틀린 곳이 있는 것은?

① 私は けがを した ことが ありません。
② はい、私は 納豆を すごく 好きです。
③ 山の 上の 方には 岩ばかりです。
④ 珍しい ダイヤが たくさん あります。

28. 다음 ____친 부분에 들어갈 알맞은 질문은?

A : ______________________________
B : いいえ、東京に 住んだ ことは ありません。

① 東京に 住んだ ことが ありますか。
② 朴さんは 東京が 大好きですか。
③ 東京は 好きですか、きらいですか。
④ 朴さんは 東京に 住みたいですか。

29. 다음 중 한자의 **読みがな**가 잘못된 것은?

① 病気(びょうき) ② 途中(とちゅう) ③ 植物(しょくぶつ) ④ 登山(とうさん)

30. 다음을 일본어로 바르게 옮긴 것은?

> 아니오, 영어회화는 조금밖에 못 합니다.

① いいえ、英会話は 少しだけ できません。
② いいえ、英会話は 少しばかり できます。
③ いいえ、英会話は 少しぐらい できます。
④ いいえ、英会話は 少ししか できません。

31. 다음 중 단어의 뜻이 잘못 연결된 것은?

① ききとる – 알아듣다 ② なんとか – 대체로
③ ときどき – 때때로 ④ じょうずだ – 잘하다

32. 다음 ＿＿친 부분에 들어갈 알맞은 대답은?

> A : 池田さんは スペイン語が 話せますか。
> B : ＿＿＿＿＿＿＿＿＿＿＿＿

① 少しは 話せますが、上手には 話せません。
② 辞書を 引かずに 新聞が 読めます。
③ なんとか 覚えられるように なりました。
④ ときどき 聞き取れない ことが あります。

33. 다음 ( ) 안에 들어갈 알맞은 말을 차례로 배열한 것은?

> A : あなたは 将来 何( ) なりたいですか。
> B : 私は 画家( ) なろう( ) 思って います。

① が - に - も ② に - が - と ③ に - に - と ④ が - が - も

34. 다음 중 한자의 **読みがな**가 잘못된 것은?

① 到着(とちゃく) ② 海外(かいがい) ③ 作家(さっか) ④ 出発(しゅっぱつ)

35. 다음 중 어구의 뜻이 잘못 연결된 것은?

① 계획을 세우다 → 計画を 立てる　　② 돈을 갚다 → お金を 貸す
③ 시험이 끝나다 → 試験が 終わる　　④ 먼저 돌아가다 → 先に 帰る

36. 다음을 일본어로 바르게 옮긴 것은?

> 우선 돈을 모으려고 생각하고 있습니다.

① まず お金を かえそうと 思って います。
② まず お金を かそうと 思って います。
③ まず お金を かりようと 思って います。
④ まず お金を ためようと 思って います。

37. 다음 중 외래어 표기가 잘못된 것은?

① ニューヨーク　② ポルトガル　③ アナウンサ　④ バイオリン

38. 다음 「に」의 용법 중 '목적'을 나타내는 것은?

① あした 花見<u>に</u> 行っても いいですか。
② 今度の 日曜日は うち<u>に</u> いる つもりです。
③ あなたは 将来 何<u>に</u> なりたいですか。
④ 友達<u>に</u> 会って、買い物を しました。

39. 다음 중 어법상 틀린 곳이 있는 것은?

① どうぞ お母さんと 一緒に 来て 下さい。
② はい、家内も 日本へ 行きたいです。
③ お宅へ 遊びに 行っても いいですか。
④ はい、上着を 脱いでも かまいません。

40. 다음 ____친 부분에 들어갈 알맞은 질문은?

> A : ______________________
> B : どうぞ 奥さんと 一緒に 来て 下さい

① 日曜日なら 昼間でも かまいませんか。
② 母と 一緒なら 夜でも いいでしょうか。
③ 日曜日は お宅に いる つもりですか。
④ 家内と 一緒に 行っても いいですか。

UNIT 21

持ち出しては いけません

학습 Point ～ては いけない

생생 회화

Track 077

古田：これは いい 雑誌(ざっし)ですね。この 雑誌を 借(か)りても いいですか。

木村：いいえ、それは ちょっと 困(こま)ります。

古田：そうですか。じゃ、この 新聞(しんぶん)も だめですか。

木村：はい、図書室(としょしつ)の 新聞と 雑誌は 持(も)ち出(だ)しては いけません。

古田：それでは、コピーを しても いいですか。

木村：はい、どうぞ。コピー機(き)は あそこに あります。

古田：ありがとう ございます。すぐに 持(も)って 来(き)ます。

새로 나온 어구

□ 雑誌(ざっし) 잡지 □ 困(こま)る 곤란하다, 난처하다 □ じゃ 그러면, 「では」의 축약형 □ だめだ 안 된다, 소용없다, 못쓰다
□ 図書室(としょしつ) 도서실 □ 持(も)ち出(だ)す 가지고 나가다 □ いけない 안 된다 □ いけないです 안 됩니다
□ いけません 안 됩니다 □ コピー 카피, 복사 □ コピー機(き) 복사기 □ すぐに 곧, 금방

○ 확실하게 이해하는 문법 이야기

1 ～ては いけない

「～ても いい」가 '허용'의 뜻을 나타내는 데에 비하여, 「～ては いけない」는 '금지'의 뜻을 나타냅니다. 마찬가지로 동사의 「～て형」, 형용사의 「～く형」에 연결되며, 우리말의 '~(해)서는 안 된다'에 해당합니다.

예 うちへ 帰っては いけない。
遊びに 行っては いけないです。
今日は 遅くては いけません。

2 「いけないです」와 「いけません」

「いけないです」와 「いけません」은 거의 같습니다. 다른 예를 들면, 「食べないです」와 「食べません」의 경우인데 전자는 「食べる+부정+공손」이며, 후자는 「食べる+공손+부정」입니다. 이는 우리말의 '안 갑니다'와 '가지 않습니다'의 경우처럼, '부정+공손'과 '공손+부정'에서의 순서의 차이만 다를 뿐 의미상으로는 거의 같은 것입니다.

3 「だめだ」의 의미

「だめだ」는 우리말의 '안 된다, 소용없다, 못쓰다'와 같은 의미가 있습니다.

예 食べては だめです。
いくら やっても だめです。
すぐ だめに なります。

4 「アパート」와 「マンション」

일본에서는 일반적으로 연립주택이나 서민아파트를 보통 「アパート」라고 하고, 고급아파트를 「マンション」이라고 합니다.

튼튼 문형 만들기

Track 078

1. アパート / マンション を 借(か)りても いいですか。

2. いいえ、学校(がっこう)に 遅(おく)れ / 橋(はし)を 渡(わた)っ ては いけません。

3. スピードを 出(だ)し / メモを 取(と)っ ても いいですか。

4. いいえ、作品(さくひん)に 触(さわ)っては だめです。 / 困(こま)ります。

새로 나온 어구

□ アパート 아파트　□ マンション 맨션　□ 遅(おく)れる 늦다, 늦어지다　□ 橋(はし) 다리, 교량　□ 渡(わた)る 건너다
□ スピード 스피드, 속도　□ メモ 메모　□ 取(と)る ①취하다 ②잡다 ③따다　□ メモを 取(と)る 메모를 하다
□ 作品(さくひん) 작품　□ 触(さわ)る 손대다, 만지다

문형으로 말하기

Track 079

A：図書室の 本を 借りても いいですか。

B：いいえ、図書室の 本は 持ち出しては いけません。

A：学校に ちょっと 遅れても いいですか。

B：いいえ、学校に 遅れては だめです。

A：スピードを 出しても いいですか。

B：いいえ、スピードを 出しては 困ります。

생생 듣기 연습

Track 080

※ 녹음된 일본어를 듣고 다음 ＿＿ 부분을 완성해 보세요.

1. この 雑誌を ＿＿＿＿ いいですか。
2. いいえ、それは ちょっと ＿＿＿＿。
3. 図書室の ＿＿＿＿ は 持ち出しては いけません。
4. それでは ＿＿＿＿ いいですか。
5. ありがとう ございます ＿＿＿＿。

실력 꾹!꾹! 다지기

1. 다음 단어를 **カタカナ**로 표기하세요.

① 복사 (　　　　　　　　)　　② 아파트 (　　　　　　　　)

③ 맨션 (　　　　　　　　)　　④ 스피드 (　　　　　　　　)

⑤ 메모 (　　　　　　　　)　　⑥ 미국 (　　　　　　　　)

2. 다음 어구를 일본어로 옮기세요.

① 학교에 늦다 →

② 메모를 하다 →

③ 작품에 손대다 →

3. 다음 일본어를 우리말로 옮기세요.

① 図書室の 新聞は 持ち出しては いけません。

→ ____________________

② いいえ、橋を 渡っては いけません。

→ ____________________

③ すみませんが、コピーを しても いいですか。

→ ____________________

4. 다음 우리말을 일본어로 옮기세요.

① 이 맨션을 빌려도 좋습니까?

→ ____________________

② 예, 여기에서는 메모를 해도 됩니다.

→ ____________________

③ 아니오, 작품에 손대서는 곤란합니다.

→ ____________________

꼭! 꼭! 외워 두기

⊙ 동물 (5)

せみ : 매미
だちょう : 타조
たこ : 문어
ちょう : 나비
どじょう : 미꾸라지
鳥(とり) : 새
象(ぞう) : 코끼리
とかげ : 도마뱀
たちうお : 갈치
つばめ : 제비
とび : 솔개
たか : 매
たぬき : 너구리
たら : 대구
鶴(つる) : 학
虎(とら) : 호랑이

UNIT 22

休んだ 方が いいです

학습 Point　～た 方が いい

생생 회화

Track 081

孫：　原(はら)さん、今日(きょう)は 顔色(かおいろ)が よく ありませんね。

原：　ええ、体(からだ)の 具合(ぐあい)が ちょっと 悪(わる)いのです。

孫：　どこか 痛(いた)い ところが ありますか。

原：　頭(あたま)も 痛いし、少(すこ)し 寒気(さむけ)も します。

孫：　かぜを 引(ひ)いたのでは ありませんか。

原：　たぶん そうだろうと 思(おも)います。

孫：　それでは、早(はや)く うちへ 帰(かえ)って、ゆっくり 休(やす)んだ 方(ほう)が いいですよ。

原：　私(わたし)も 早く うちへ 帰ろうと 思って います。

새로 나온 어구

- 原(はら) 일본인의 성
- 顔色(かおいろ) 안색
- よい 좋다
- ええ 예, 네
- 体(からだ) 몸, 신체
- 具合(ぐあい) 상태, 형편
- 悪(わる)い 나쁘다
- 痛(いた)い 아프다
- 頭(あたま) 머리
- 寒気(さむけ) 한기, 오한
- 寒気が する 한기가 들다
- かぜ 감기
- かぜを 引く 감기가 들다
- ～よ ～요, ～야

○ 확실하게 이해하는 문법 이야기

1 よく ありません : 좋지 않습니다

형용사「よい」는 '좋다'는 뜻으로, 의미에 있어서는「いい」와 거의 같이 쓰입니다. 그러나「いい」는 어미변화가 없지만「よい」는 어미변화가 있다는 점에서 다릅니다.

いいです (○)	—	좋습니다	—	よいです (○)
いい 人 (○)	—	좋은 사람	—	よい 人 (○)
いく なる(×)	—	좋아지다	—	よく なる(○)
いく ない(×)	—	좋지 않다	—	よく ない(○)
いかった (×)	—	좋았다	—	よかった (○)

2 悪いのです : 나쁩니다, 나쁜 것입니다

「悪いです」가 '나쁘다'는 것을 객관적으로 서술하는 것에 비해,「悪いのです」는 '나쁘다'는 이유 · 근거를 설명하는 것이 됩니다. 즉 본문에서는 안색이 좋지 않은 이유가 몸 상태가 나쁘기 때문이라고 설명하는 것입니다. 특히 회화체에서「の」는「悪いんです」처럼「ん」으로 변화된 형으로도 잘 쓰입니다.

3 ～た 方が いい

「～た 方が いい」는 '조언'이나 '충고'를 할 때 주로 쓰는 표현으로서 우리말의 '~(하)는 편이 좋다'에 해당합니다. 이때 '과거'로 해석하지 않도록 주의하세요.

예 帰った 方が いい。
休んだ 方が いいです。

4 いいですよ : 좋습니다

「いいですよ」의「よ」는 종조사로서 문장의 끝에 붙여 자신의 의사를 '주장'하거나 '설명'할 때 사용합니다.

예 あした 帰りますよ。

튼튼 문형 만들기

Track 082

1. 今日(きょう)は [目(め) / 胃(い)] の 調子(ちょうし)が よく ありません。

2. 頭(あたま)も 痛(いた)いし、少(すこ)し [熱(ねつ)も あり / せきも 出(で)] ます。

3. [休憩(きゅうけい)を 取(と)った / ぐっすり 眠(ねむ)った] 方(ほう)が いいですよ。

4. それでは、[連絡(れんらく)を 取(と)った / 技術(ぎじゅつ)を 習(なら)った] 方が いいです。

새로 나온 어구

- 目(め) 눈
- 調子(ちょうし) 상태, 컨디션
- 胃(い) 위, 위장
- 熱(ねつ) 열
- せき 기침
- 休憩(きゅうけい) 휴게, 휴식
- 休憩を 取る 휴식을 취하다
- ぐっすり 푹(깊이 잠든 모양)
- 眠(ねむ)る 자다, 잠자다
- 連絡(れんらく) 연락
- 技術(ぎじゅつ) 기술

문형으로 말하기

Track 083

A : 今日は 顔色が よく ありませんね。

B : ええ、胃の 調子が ちょっと 悪いのです。

A : 頭も 痛いし、少し 熱も あります。

B : それでは、ぐっすり 眠った 方が いいですよ。

A : かぜを 引いたのでは ありませんか。

B : ええ、ゆっくり 休もうと 思って います。

생생 듣기 연습

Track 084

※ 녹음된 일본어를 듣고 다음 ______ 부분을 완성해 보세요.

1. 体の ______ が ちょっと 悪いのです。
2. 頭も 痛いし、少し ______ 。
3. たぶん ______ と 思います 。
4. ______ 方が いいですよ。
5. ______ と 思って います。

실력 꾹!꾹! 다지기

1. 다음 (　　) 안에 **読みがな**를 써 넣으세요.

① 顔色 (　　　　　　　)　② 寒気 (　　　　　　　)

③ 具合 (　　　　　　　)　④ 連絡 (　　　　　　　)

⑤ 調子 (　　　　　　　)　⑥ 技術 (　　　　　　　)

2. 다음 (　　) 안에 알맞은 말을 써 넣으세요.

① ええ、体(　　　　) 具合(　　　　) ちょっと 悪い(　　　　)です。

② 頭も 痛い(　　　　)、少し 寒気(　　　　) します。

③ かぜ(　　　　) 引いた(　　　　)では ありませんか。

3. 다음 일본어를 우리말로 옮기세요.

① 今日は 目の 調子が よく ありません。

→ ______________________________

② 頭も 痛いし、少し せきも 出ます。

→ ______________________________

③ すぐ 連絡を 取った 方が いいです。

→ ______________________________

4. 다음 우리말을 일본어로 옮기세요.

① 어딘가 아픈 곳이 있습니까?

→ ____________________

② 그러면 휴식을 취하는 편이 좋습니다.

→ ____________________

③ 기술을 배우는 편이 좋다고 생각합니다.

→ ____________________

꼭! 꼭! 외워 두기

⊙ 동물 (6)

とんぼ : 잠자리	なまこ : 해삼	にしん : 청어
鶏(にわとり) : 닭	猫(ねこ) : 고양이	ねずみ : 쥐
のみ : 벼룩	はえ : 파리	白鳥(はくちょう) : 백조
蜂(はち) : 벌	ばった : 메뚜기	はと : 비둘기
ひばり : 종다리	ひょう : 표범	ひよこ : 병아리
ひらめ : 광어		

UNIT 23

飲まない 方が いいです

학습 Point　～ない 方が いい

생생 회화

Track 085

清水：　河さん、お酒を 飲みに でかけませんか。

河：　私は かまいませんが、清水さんは かぜを 引いて いるのでしょう。かぜを 引いた 時には お酒を 飲まない 方が いいです。薬は 飲んだのですか。

清水：　ええ、飲みましたが、なかなか 治りません。

河：　薬を 飲んでも 治らない 時には 病院へ 行った 方が いいですよ。

清水：　私は 体が 丈夫ですから、病院へ 行かなくても 大丈夫ですよ。

河：　いや、必ずしも そうでも ないのです。

새로 나온 어구

□ 河(ハ) 한국인의 성　□ 清水(しみず) 일본인의 성　□ 薬(くすり) 약　□ 薬を 飲む 약을 먹다　□ なかなか 대단히, 좀처럼
□ 治(なお)る (병이) 낫다　□ 丈夫(じょうぶ)だ 튼튼하다　□ 大丈夫(だいじょうぶ)だ 괜찮다　□ いや 아니, 아냐
□ 必(かなら)ずしも 반드시　□ そうでも ない 그렇지도 않다

○ 확실하게 이해하는 문법 이야기

1 ～ない 方が いい

「～ない 方が いい」는「～た 方が いい」의 부정표현으로서 우리말의 '～(하)지 않는 편이 좋다'에 해당합니다.

예 帰らない 方が いい。
休まない 方が いいです。

2 薬を 飲む : 약을 먹다

우리말의 경우 음식도 '먹다'라고 하고, 약도 '먹다'라고 합니다. 그러나 일본어에서는 음식처럼 이로 씹어서 삼키는 것은「食べる」라 하며, 음료수처럼 씹지 않고 그냥 삼키는 것은「飲む」라고 하여 구별하고 있습니다. 약도 음료수처럼 씹지 않고 삼키는 것이 일반적이므로「薬を 飲む」라고 하는 것입니다.

예 ご飯を 食べても いいですか。
薬を 飲んでも かまいません。

3 「なかなか」의 의미

「なかなか」는 부사로서 긍정문에서는 우리말의 '상당히, 꽤'의 뜻이 되고, 부정문에서는 '좀처럼'의 뜻이 됩니다.

예 なかなか おもしろいです。
なかなか 来ないですね。

4 必ずしも : 반드시

「必ず」나「必ずしも」나 둘 다 '반드시, 꼭'의 뜻을 가진 부사이지만, 전자는 긍정문에 쓰고 후자는 부정문에 씁니다.

예 また 必ず 来て 下さいね。
必ずしも 安いとは 言えません。

튼튼 문형 만들기

Track 086

1 河さん、 踊り(おど) / ダンス を 習(なら)いに でかけませんか。

2 ぼうしを 取(と)ら / 電話(でんわ)を 切(き)ら ない 方(ほう)が いいです。

3 ええ、 値段(ねだん)を 上(あ)げ / ごみを 捨(す)て ない 方が いいですよ。

4 いや、 傘(かさ)を 差(さ)さ / かばんを 持(も)た なくても いいです。

새로 나온 어구

- 踊(おど)り 춤
- ダンス 댄스, 춤
- ぼうしを 取る 모자를 벗다
- 切(き)る 끊다, 자르다
- 上(あ)げる 올리다
- ごみ 쓰레기
- 捨(す)てる 버리다
- 差(さ)す 비치다, (우산을) 쓰다
- 傘を 差す 우산을 쓰다
- かばんを 持つ 가방을 들다

문형으로 말하기

Track 087

A: 電話を 切った 方が いいですか。

B: いいえ、電話を 切らない 方が いいです。

A: 値段を 上げても いいですか。

B: いいえ、値段を 上げない 方が いいですよ。

A: 傘を 差さなくても 大丈夫ですか。

B: いや、傘を 差した 方が いいです。

생생 듣기 연습

Track 088

※ 녹음된 일본어를 듣고 다음 ______ 부분을 완성해 보세요.

1. 河さん ______ を 飲みに でかけませんか。
2. 清水さんは ______ いるのでしょう。
3. ______。
4. 薬を 飲みましたが、______。
5. いや、______。

실력 꾹!꾹! 다지기

1. 다음 단어를 보기와 같이 한자와 **送りがな**로 나타내세요.

보기	おきる → 起きる

① なおる →

② かならずしも →

③ おどり →

④ じょうぶだ →

⑤ あげる →

⑥すてる →

2. 다음 어구를 일본어로 옮기세요.

① 모자를 벗다 →

② 전화를 끊다 →

③ 가방을 들다 →

3. 다음 일본어를 우리말로 옮기세요.

① 河さん、ダンスを 習いに でかけませんか。

→ ______________________________

② ええ、ごみを 捨てない 方が いいですよ。

→ ______________________________

③ いや、病院へ 行かなくても 大丈夫ですよ。

→ ______________________________

4. 다음 우리말을 일본어로 옮기세요.

① 모자를 벗지 않는 편이 좋습니다.

→ ____________________

② 가방을 들지 않아도 됩니다.

→ ____________________

③ 아니, 반드시 그렇지도 않습니다.

→ ____________________

꼭! 꼭! 외워 두기

⊙ 동물 (7)

ふぐ : 복어

ふな : 붕어

ほととぎす : 두견새

まぐろ : 참치

みみず : 지렁이

らくだ : 낙타

わし : 독수리

ふくろう : 올빼미

ぶり : 방어

ほや : 멍게

ます : 송어

むかで : 지네

りす : 다람쥐

わに : 악어

豚(ぶた) : 돼지

ほたる : 반딧불이

ぼら : 숭어

まむし : 살무사

やぎ : 염소

竜(りゅう) : 용

UNIT 24

天気も いいので でかけました

학습 Point　접속조사 から · ので · のに (1)

생생 회화

Track 089

池田： 今日は 図書館が ずいぶん 静かですね。
いつもより 学生が 少ないですね。

田村： ええ、今日は 学校も 休みだし、天気も いいので みんな 遊びに でかけました。

池田： 田村さんは 天気が いいのに どうして 勉強ばかり して いますか。

田村： 先日 ノートを なくしたので、今 阿部さんの ノートを 写して いるのです。

池田： 阿部さんの 字は きれいだから 読みやすいでしょう。

새로 나온 어구

- いつも 언제나, 여느 때
- ~ので ~(하)므로, ~(하)니까
- 田村(たむら) 일본인의 성
- ~のに ~(하)는데도, ~(인)데도
- どうして 어째서, 어떻게
- 先日(せんじつ) 일전에, 요전에
- なくす 잃다, 없애다
- 阿部(あべ) 일본인의 성
- 写(うつ)す 베끼다, 찍다
- ~やすい ~(하)기 쉽다

○ 확실하게 이해하는 문법 이야기

1 天気も いいので : 날씨도 좋기 때문에

「ので」는 접속조사로서 용언의 연체형(수식형)에 연결되어 '원인 · 이유'를 나타냅니다. 우리말의 '~(하)니까, ~(하)므로, ~(하)기 때문에'에 해당합니다.

예 동사 : 行くので　　형용사 : 高いので
ナ형용사 : 静かなので　　명사+だ : 学生なので

2 「から」와 「ので」

접속조사 「から」와 「ので」는 둘 다 '원인 · 이유'를 나타내지만, 전자는 용언의 기본형(종지형)에 연결되고 후자는 용언의 연체형에 연결됩니다.

예 동사 : 行くから / 行くので
형용사 : 高いから / 高いので
ナ형용사 : 静かだから / 静かなので
명사 + だ : 学生だから / 学生なので

3 天気が いいのに : 날씨가 좋은데도

접속조사 「のに」는 「ので」와 마찬가지로 용언의 연체형에 연결되며, 어떤 사항으로부터 야기되는 것과 반대의 일이 일어남을 나타냅니다. 우리말의 '~(하)는데도'에 해당합니다.

예 金が あるのに、

4 読みやすい : 읽기 쉽다

동사의 「ます형」에 「やすい」가 결합되면 '~(하)기 쉽다'의 뜻이 되며 「にくい」가 결합되면 반대로 '~(하)기 어렵다'의 뜻이 됩니다.

예 読みやすい ↔ 読みにくい
書きやすい ↔ 書きにくい

튼튼 문형 만들기

Track 090

1. 今日(きょう)は いつもより [風(かぜ)が 強(つよ)い / 雨(あめ)が ひどい] ですね。

2. [用事(ようじ) / 約束(やくそく)] が あるので、外(そと)へ でかけました。

3. [暇(ひま)が ある / 成績(せいせき)が 悪(わる)い] のに 勉強(べんきょう)して いませんね。

4. 阿部(あべ)さんの 字(じ)は きれいだから [見(み)やすい / 分(わ)かりやすい] です。

새로 나온 어구

- 強(つよ)い 강하다, 세다
- ひどい 심하다, 세차다
- 用事(ようじ) 볼일, 용무
- 約束(やくそく) 약속
- 暇(ひま) 짬, (한가한) 시간
- 成績(せいせき) 성적
- 見(み)やすい 보기 쉽다
- 分(わ)かりやすい 알기 쉽다

문형으로 말하기

Track 091

A : 今日は どうして 学生が 少ないのですか。

B : みんな 約束が あるので、外へ でかけました。

A : 天気も いいのに どうして 勉強ばかり して いますか。

B : 最近 学校の 成績が 悪いからです。

A : 阿部さんの 字は どうですか。

B : すごく きれいだから 分かりやすいです。

생생 듣기 연습

Track 092

※ 녹음된 일본어를 듣고 다음 ______ 부분을 완성해 보세요.

1. 今日は ______ が ずいぶん 静かですね。
2. いつもより 学生が ______ 。
3. ______ みんな 遊びに でかけました。
4. 今 阿部さんの ノートを ______ 。
5. 阿部さんの 字は ______ 。

실력 꾹!꾹! 다지기

1. 다음 (　　) 안에 알맞은 말을 써 넣으세요.

① 天気が いい(　　　　) みんな 遊び(　　　　) でかけました。

② 天気が いい(　　　　) どうして 勉強(　　　　) して いますか。

③ 阿部さん(　　　　) 字は きれいだ(　　　　) 読みやすいです。

2. 다음 단어의 뜻을 (　　) 안에 써 넣으세요.

① せんじつ (　　　　　　)　　② ようじ (　　　　　　)

③ なくす (　　　　　　)　　④ せいせき (　　　　　　)

⑤ つよい (　　　　　　)　　⑥ ひどい (　　　　　　)

3. 다음 일본어를 우리말로 옮기세요.

① 今日は いつもより 風が 強いですね。

→ ______________________________

② 用事が あるので、外へ でかけました。

→ ______________________________

③ 成績が 悪いのに 勉強して いませんね。

→ ______________________________

4. 다음 우리말을 일본어로 옮기세요.

① 짬이 있기 때문에 놀러 나갔습니다.

→ ____

② 어째서 공부만 하고 있습니까?

→ ____

③ 글씨가 예쁘니까 알기 쉽습니다.

→ ____

꼭! 꼭! 외워 두기

⊙ 식물 (1)

朝顔(あさがお) : 나팔꽃
小豆(あずき) : 팥
あわ : 조
あんず : 살구
いちご : 딸기
いちじく : 무화과
梅(うめ) : 매실
えごま : 들깨
柿(かき) : 감
かぼちゃ : 호박
からし : 겨자
かりん : 모과
ききょう : 도라지
菊(きく) : 국화
きび : 수수
キャベツ : 양배추

UNIT 25

働き過ぎなのに 大丈夫でしょうか

학습 Point 접속조사 から · ので · のに (2)

생생 회화

Track 093

山口： 夜遅く なったのに、南さんは まだ 帰って 来ませんね。

前田： 本当に 遅いですね。ああ さっき 電話が ありました。今晩は 仕事が 多くて 事務室で 徹夜するので 帰らないと 言いました。

山口： そうですか。このごろ 働き過ぎなのに 大丈夫でしょうか。

前田： 南さんは 体が 丈夫だから 心配は 要りませんよ。

山口： そうですね。私は 体が 弱いので それは ちょっと 無理だと 思います。

前田： 私も 弱い 方だから お互いに 体に 気を つけましょう。

새로 나온 어구

- 南(みなみ) 일본인의 성
- 本当(ほんとう)に 정말로
- 今晩(こんばん) 오늘 밤
- 徹夜(てつや)する 철야하다
- このごろ 요사이, 요즈음
- ~過(す)ぎ 너무 ~함
- 心配(しんぱい) 걱정
- 要(い)る 필요하다
- 弱(よわ)い 약하다
- 無理(むり) 무리
- (お)互(たが)いに 서로
- 気(き) 기운, 마음, 정신
- 気を つける 주의하다, 조심하다

○ 확실하게 이해하는 문법 이야기

1 から・ので・のに

접속조사「から」·「ので」·「のに」에 대해서는 앞과에 자세히 설명되어 있습니다. 참고해 주세요.

2 さっき : 아까

부사「さっき」는 '아까'의 뜻을 나타내며, 「さっき」의 반대어로서는 '나중에'의 뜻을 지닌「後(あと)で」가 있습니다.

3 働き過ぎなのに : 과로하는데도

동사의「ます형」에「過ぎる」가 결합되면 우리말의 '너무 ~(하)다, 지나치게 ~(하)다'의 뜻이 됩니다.

예 食べ過ぎる 너무 먹다, 과식하다 → 食べ過ぎ 과식
飲み過ぎる 너무 마시다, 과음하다 → 飲み過ぎ 과음
働き過ぎる 너무 일하다, 과로하다 → 働き過ぎ 과로

4 要りませんよ : 필요없습니다

일반적으로 일상생활에서나 개인적인 대화에서는 부드럽고 격의 없는 일본의 고유어를 많이 쓰고, 공적인 자리에서나 문서 등에는 딱딱하지만 격식 있는 한자어를 많이 씁니다.

의미		고유어	한자어
도착하다	:	着(つ)く	到着(とうちゃく)する
필요하다	:	要(い)る	必要(ひつよう)だ
행복하다	:	幸(しあわ)せだ	幸福(こうふく)だ

5 気を つけましょう : 조심합시다

「ましょう」는「ます+う」의 결합형으로, 앞에서 설명한 것처럼「う」는 '의지' 또는 '권유'를 나타냅니다. 여기에서는「お互いに」가 있어서 '권유'로 쓰였음을 알 수가 있습니다.

튼튼 문형 만들기

Track 094

1

- 時間(じかん)が ない
- 会社(かいしゃ)に 泊(と)まる

ので 帰(かえ)らないと 言(い)いました。

2

このごろ

- 食(た)べ過(す)ぎな
- 飲(の)み過ぎな

のに 大丈夫(だいじょうぶ)でしょうか。

3

それは ちょっと

- おかしい
- まずい

と 思(おも)います。

4

- 事故(じこ)が 多(おお)い
- 道路(どうろ)は 危(あぶ)ない

から 気(き)を つけましょう。

새로 나온 어구

- 時間(じかん) 시간
- ない 없다
- 泊(と)まる 묵다, 숙박하다
- 食(た)べ過(す)ぎ 과식
- 飲(の)み過(す)ぎ 과음
- おかしい 이상하다, 우습다
- まずい 맛없다, 곤란하다, 서툴다
- 事故(じこ) 사고
- 道路(どうろ) 도로
- 危(あぶ)ない 위험하다

문형으로 말하기

Track 095

A : 南さんは どうして 帰って 来ませんか。

B : 会社に 泊まるので 帰らないと 言いました。

A : このごろ 食べ過ぎなのに 大丈夫でしょうか。

B : それは ちょっと まずいと 思います。

A : 今日は いつもより 雨が ひどいですね。

B : 事故が 多いから 気を つけましょう。

생생 듣기 연습

Track 096

※ 녹음된 일본어를 듣고 다음 ______ 부분을 완성해 보세요.

1. ああ、さっき ______ が ありました。
2. 事務室で ______ ので 帰らないと 言いました。
3. ______ から 心配は 要りませんよ 。
4. それは ______ と 思います。
5. お互いに ______ 。

실력 꾹!꾹! 다지기

1. 다음 (　　) 안에 알맞은 말을 써 넣으세요.

① 夜 遅く なった(　　　　)、まだ 帰って 来ませんね。

② 南さんは 体が 丈夫だ(　　　　) 心配(　　　　) 要りません。

③ 体が 弱い(　　　　) お互いに 気(　　　　) つけましょう。

2. 다음을 한자는 ひらがな로, ひらがな는 한자로 옮기세요.

① 今晩 (　　　　　　　)　　② ほんとう (　　　　　　　)

③ 無理 (　　　　　　　)　　④ しんぱい (　　　　　　　)

⑤ 道路 (　　　　　　　)　　⑥ じかん (　　　　　　　)

3. 다음 일본어를 우리말로 옮기세요.

① 時間が ないので 帰らないと 言いました。

→ ______________________________

② このごろ 飲み過ぎなのに 大丈夫でしょうか。

→ ______________________________

③ 道路は 危ないから 気を つけましょう。

→ ______________________________

4. 다음 우리말을 일본어로 옮기세요.

① 아! 아까 전화가 있었습니다.

→ ______________________________

② 그것은 조금 이상하다고 생각합니다.

→ ______________________________

③ 사고가 많으니까 조심합시다.

→ ______________________________

꼭! 꼭! 외워 두기

⊙ 식물 (2)

きゅうり : 오이

コスモス : 코스모스

ごま : 참깨

桜(さくら) : 벚꽃

じゃがいも : 감자

すいか : 수박

栗(くり) : 밤

こんぶ : 다시마

小麦(こむぎ) : 밀

ざくろ : 석류

しゅんぎく : 쑥갓

こしょう : 후추

ごぼう : 우엉

米(こめ) : 쌀

さつまいも : 고구마

しょうが : 생강

UNIT 26

森田さんが 入院したそうです

학습 Point ～そうだ(전문)

생생 회화

Track 097

古山： 今日(きょう) 初(はじ)めて 聞(き)きましたが、森田(もりた)さんが 入院(にゅういん)して いるそうですね。

加藤： 私(わたし)も 森田さんが 入院したと いう ことを 聞いて、びっくりして いる ところです。

古山： どんな 病気(びょうき)なのでしょうか。

加藤： 病気では ないそうです。山(やま)で けがを したのだそうです。

古山： どんな 具合(ぐあい)なのでしょうか。

加藤： 詳(くわ)しい ことは 分(わ)かりませんから、あした 見舞(みま)いに 行って みようと 思(おも)って います。

새로 나온 어구

- 初(はじ)めて 처음(으로)
- 森田(もりた) 일본인의 성
- 入院(にゅういん)する 입원하다
- ~そうだ ~(라)고 한다
- びっくりする 깜짝 놀라다
- 詳(くわ)しい 자세하다
- 見舞(みま)い 문안, 문병
- 見舞いに 行く 문병하러 가다

○ 확실하게 이해하는 문법 이야기

1 ～そうだ(전문)

전문(伝聞)의 조동사「そうだ」는 다른 사람으로부터 전해 들었음을 나타내며, 우리말의 '~(한)다고 한다, ~(한)단다'에 해당합니다. 공손히 말할 때는「そうです」를 쓰며, 이때는 '~(한)다고 합니다, ~(한)답니다'의 뜻이 됩니다.
「そうだ」는 용언이나 조동사의 기본형(종지형)에 연결합니다.

예 あしたは 雨が 降るそうだ。
　この パンは おいしいそうだ。
　森田さんは まじめだそうです。
　だれも 食べないそうです。

2 初めて : 처음, 처음으로

「はじめて」는 '처음으로, 비로소'의 뜻을 지닌 부사이며, '처음, 시작, 시초'의 뜻을 지닌 명사「はじめ」와는 혼동하지 않도록 주의해야 합니다.

예 はじめて 日本へ 行った。
　はじめには 分からなかった。

3 びっくりして いる ところです

앞에서 설명한 것처럼「ところ」의 의미 · 용법 중에는 동작이 일어나려는 상황, 즉 '직전'을 나타내는 경우도 있으나, 여기에 나온 것처럼 동작이 일어나고 있는 상황, 즉 '진행중'임을 나타내는 경우와 '직후'를 나타내는 경우도 있습니다.

예 今 授業が 始まる ところです。 ……… 직전
　今 本を 読んで いる ところです。 ……… 진행중
　今 帰って きた ところです。 ……… 직후

튼튼 문형 만들기

Track 098

1 森田(もりた)さんが あした [結婚(けっこん)する / 出席(しゅっせき)する] そうです。

2 今(いま) [笑(わら)って / 泣(な)いて] いる ところです。

3 はい、とても [若(わか)い / 大切(たいせつ)だ] そうです。

4 森田さんは [公務員(こうむいん)だ / 弁護士(べんごし)だ] そうです。

새로 나온 어구

- 結婚(けっこん)する 결혼하다
- 出席(しゅっせき)する 출석/참석하다
- 笑(わら)う 웃다
- 泣(な)く 울다
- 若(わか)い 젊다
- 大切(たいせつ)だ 중요하다
- 公務員(こうむいん) 공무원
- ～だ ～이다
- 弁護士(べんごし) 변호사

문형으로 말하기

Track 099

A : 森田さんが あした 結婚するそうです。

B : 私も びっくりして いる ところです。

A : 李さんは 若い 方ですか。

B : はい、とても 若いそうです。

A : 森田さんは 弁護士だそうですね。

B : 私も 今日 初めて 聞きました。

생생 듣기 연습

Track 100

※ 녹음된 일본어를 듣고 다음 ______ 부분을 완성해 보세요.

1. 森田さんが ______ いるそうですね。
2. 私も ______ いる ところです。
3. どんな ______。
4. 山で ______ そうです。
5. あした ______ と 思って います。

실력 꾹!꾹! 다지기

1. 다음 단어를 보기와 같이 한자와 **送りがな**로 나타내세요.

보기	たべる → 食べる

① はじめて →
② くわしい →
③ みまい →
④ わらう →
⑤ なく →
⑥ わかい →

2. 다음 (　　) 안에 **読みがな**를 써 넣으세요.

① 入院 (　　　　　　)
② 病気 (　　　　　　)
③ 結婚 (　　　　　　)
④ 出席 (　　　　　　)
⑤ 公務員 (　　　　　　)
⑥ 弁護士 (　　　　　　)

3. 다음 일본어를 우리말로 옮기세요.

① 森田さんが あした 出席するそうです。

→ ______________________________

② 李さんは 今 笑って いる ところです。

→ ______________________________

③ それは あまり 大切では ないそうです。

→ ______________________________

4. 다음 우리말을 일본어로 옮기세요.

① 저도 오늘 처음 들었습니다.

→ ______________________________

② 森田 씨는 공무원이라고 합니다.

→ ______________________________

③ 자세한 것은 잘 모릅니다.

→ ______________________________

꼭! 꼭! 외워 두기

⊙ 식물 (3)

すもも : 자두	せり : 미나리	そば : 메밀
大根(だいこん) : 무	竹(たけ) : 대(나무)	たまねぎ : 양파
たんぽぽ : 민들레	ちしゃ : 상추	朝鮮人参(ちょうせんにんじん) : 인삼
つつじ : 진달래	唐辛子(とうがらし) : 고추	とうもろこし : 옥수수
トマト : 토마토	梨(なし) : 배	なす : 가지
なつめ : 대추		

UNIT 27

この もち、おいしそうです

학습 Point　~そうだ(양태)

생생 회화

Track 101

松本：　この きれいな もち、おいしそうですね。

安：　はい、おいしいですよ。
お口(くち)に 合(あ)うか どうか、食(た)べて みて 下(くだ)さい。

松本：　おいしいですね。安さんが 作(つく)ったのですか。

安：　はい、母(はは)から 作(つく)り方(かた)を 習(なら)って、私(わたし)が 作りました。

松本：　作るのは 難(むずか)しいですか。

安：　始(はじ)めは 易(やさ)しそうでしたが、実際(じっさい)に やって みると、難しくて 大変(たいへん)でした。

松本：　ごちそうさまでした。
これ 以上(いじょう) 食べると、
太(ふと)りそうですね。

새로 나온 어구

□ もち 떡　□ ~そうだ ~(할) 것 같다　□ (お)口(くち) 입　□ 合(あ)う 맞다, 어울리다　□ 安(あん) 한국인의 성
□ ~方(かた) ~(하)는 법/방법　□ 作(つく)り方(かた) 만드는 법　□ 始(はじ)め 처음, 시초　□ 実際(じっさい)に 실제로
□ やる 하다, 주다　□ ~と ~(하)면, ~(하)니까　□ ごちそう 맛있는 음식, 진수성찬　□ ごちそうさまでした 잘 먹었습니다
□ 以上(いじょう) 이상　□ 太(ふと)る 살찌다, 뚱뚱해지다

확실하게 이해하는 문법 이야기

1 ～そうだ(양태)

양태(樣態)의 조동사「そうだ」는 어떤 상태 · 모양으로부터 판단해서 추측함을 나타내며, 우리말의 '～(할) 것 같다, ～(할) 듯하다'에 해당합니다. 접속에 있어서 전문의「そうだ」와는 달리 동사는「ます형」에, 형용사 · ナ형용사는 어간에 연결합니다.

예 今にも 雨が 降りそうだ。
このパンは おいしそうだ。
森田さんは まじめそうです。
だれも 食べなさそうです。

※ 형용사「よい」·「ない」에 양태의 조동사「そうだ」가 연결될 때는 그 사이에「さ」가 삽입됩니다.

예 ない＋そうだ → なさそうだ

2 お口 : 입

「お口」의「お」는 '존경'의 접두어로서 상대방을 높이는 경우에 자주 붙입니다. 이와 같이 접두어「お」와「ご」에는 앞에서 공부한 '미화' 이외에 '존경'의 용법이 또 있습니다.

예 (お)金　(お)酒　(ご)飯　→ 미화
(お)宅　(お)名前　(ご)家族　→ 존경

3 作り方 : 만드는 법

「～方」는 동사의「ます형」에 붙어 '～ 법/방법'을 나타냅니다.

예 読み方　書き方

4 ～と : ～(하)면, ～(하)니까

「동사 + と」의「と」는 접속조사로서 동사의 기본형(종지형)에 연결하여 '가정'이나 '조건'을 나타냅니다. 우리말의 '～(하)면, ～(하)니까'에 해당합니다.

예 左へ 曲がると、見える。

튼튼 문형 만들기

Track 102

1 この きれいな もち、 うま / 柔(やわ)らか そうですね。

2 はい、母(はは)から 読(よ)み方(かた) / 書(か)き方 を 習(なら)いました。

3 始めは とても 楽(たの)し / うれし そうでした。

4 もう すぐ 火(ひ)が 消(き)え / 花(はな)が 咲(さ)き そうですね。

새로 나온 어구

- うまい 맛있다, 잘하다
- 柔(やわ)らかい 부드럽다
- 読み方 읽는 법
- 書き方 쓰는 법
- 楽(たの)しい 즐겁다
- うれしい 기쁘다
- すぐ 곧, 금방, 바로
- 火(ひ) 불
- 消(き)える 꺼지다, 사라지다
- 咲(さ)く 피다

문형으로 말하기

Track 103

A : この きれいな もち、柔らかそうですね。

B : お口に 合うか どうか、食べて みて 下さい。

A : これは 安さんが 書いたのですか。

B : はい、母から 書き方を 習って、私が 書きました。

A : もう すぐ 花が 咲きそうです。

B : それは いいですね。

생생 듣기 연습

Track 104

※ 녹음된 일본어를 듣고 다음 ______ 부분을 완성해 보세요.

1. この きれいな もち、______。
2. ______。安さんが 作ったのですか。
3. 母から ______、私が 作りました。
4. 実際に やって みると、______。
5. ______、太りそうですね。

실력 꾹!꾹! 다지기

1. 다음을 보기와 같이 「양태」의 「**そうだ**」를 붙여 완성하세요.

보기 降る → 降りそうだ　　おいしい → おいしそうだ

① 太る + そうだ →　　② 柔らかい + そうだ →

③ 消える + そうだ →　　④ 楽しい + そうだ →

⑤ 咲く + そうだ →　　⑥ うれしい + そうだ →

2. 다음 단어의 뜻을 (　　) 안에 써 넣으세요.

① もち (　　　　)　　② はじめ (　　　　)

③ じっさいに (　　　　)　　④ いじょう (　　　　)

⑤ すぐ (　　　　)　　⑥ つくりかた (　　　　)

3. 다음 일본어를 우리말로 옮기세요.

① この きれいな もち、うまそうですね。

→ ______________________________

② はい、母から 読み方を 習いました。

→ ______________________________

③ もう すぐ 火が 消えそうですね。

→ ______________________________

4. 다음 우리말을 일본어로 옮기세요.

① 이 빵은 대단히 맛있을 것 같군요.

→ ______________________

② 처음에는 아주 즐거울 것 같았습니다.

→ ______________________

③ 이 이상 먹으면 살찔 것 같습니다.

→ ______________________

꼭! 꼭! 외워 두기

⊙ **식물 (4)**

にら : 부추

ねぎ : 파

はとむぎ : 율무

ひまわり : 해바라기

まくわうり : 참외

みかん : 귤

人参(にんじん) : 당근

海苔(のり) : 김

バナナ : 바나나

ぶどう : 포도

松(まつ) : 솔(나무)

にんにく : 마늘

白菜(はくさい) : 배추

ばら : 장미

ほうれんそう : 시금치

豆(まめ) : 콩

UNIT 28

遅くまで 起きて いるようです

학습 Point　～ようだ

생생 회화

Track 105

森田：山下さんは 毎晩 遅くまで 起きて いるようですね。
徹夜を する ことも ありますか。

山下：いいえ、二時ごろまで 起きて いる ことは ありますが、
徹夜を する ことは ありません。

森田：ゆうべも ずいぶん 遅くまで 起きて いたようですね。

山下：ああ、ゆうべは 電灯を つけた まま つい 寝てしまったのです。

森田：とにかく あまり 不規則な
生活は よく ないでしょう。

山下：はい、私も なるべく 早く 寝る
習慣を つけましょう。

새로 나온 어구

- 山下(やました) 일본인의 성
- 毎晩(まいばん) 매일 밤
- ~ようだ ~(것) 같다
- 徹夜(てつや) 철야
- ゆうべ 어제 저녁, 어제 밤
- 電灯(でんとう) 전등
- 電灯を つける 전등을 켜다
- まま ~(한) 대로, ~(한) 채로
- つい 그만, 무심결에
- ~て しまう ~(해) 버리다
- とにかく 아무튼, 어쨌든
- 不規則(ふきそく)だ 불규칙하다
- 生活(せいかつ) 생활
- なるべく 되도록이면
- 習慣(しゅうかん) 습관
- 習慣を つける 습관을 들이다

○ 확실하게 이해하는 문법 이야기

1 起きて いる

「起きて いる」는 '일어나 있다'라는 뜻입니다. 그런데 일본어에서는 아침이든 밤이든 「起きて いる」라고 하지만, 한국어의 경우 아침에는 '일어나 있다', 밤에는 '자지 않고 있다'라고 표현합니다. 따라서 「起きて いる」를 우리말로 옮길 때 밤에는 '자지 않고 있다'라고 해야 합니다.

2 ～ようだ

조동사 「ようだ」는 용언의 연체형과 조사 「の」에 연결되어 '불확실한 단정', 즉 '추측'을 나타내며, 우리말의 '~것 같다, ~듯 하다'에 해당합니다.

예 今 寝て いるようだ。
りんごが 好きなようだ。
病気の ようです。

3 電灯を つけた まま : 전등을 켠 채

「まま」는 수식어를 받아서만 사용되는 형식명사로서 우리말의 '~(한) 대로, ~(한) 채로'에 해당합니다.

예 くつを はいた まま 入る。
その まま 食べても おいしい。

4 習慣を つけましょう : 습관을 들이겠습니다

앞에서 설명하였듯이 「ましょう」는 「ます+う」의 결합형으로 '의지' 또는 '권유'를 나타내는데, 여기에서는 「私」가 있기 때문에 '의지'로 쓰였음을 알 수가 있습니다. 이때는 우리말의 '~(하)겠습니다'에 해당하지만 「ます」보다는 더 강한 '의지'를 나타냅니다. 그러나 우리말의 해석상 구분은 안 됩니다.

예 次は 私が 読みます。
次は 私が 読みましょう。

튼튼 문형 만들기

Track 106

1. 夜(よる) 遅(おそ)くまで [見物(けんぶつ) / 見学(けんがく)] を して いるようですね。

2. [散歩(さんぽ) / 読書(どくしょ)] を する ことも ありますか。

3. 山下(やました)さんは [競馬(けいば)が 好(す)きな / お酒(さけ)に 酔(よ)った] ようですね。

4. [くつを はいた / めがねを 外(はず)した] まま 入(はい)って しまいました。

새로 나온 어구

- 見物(けんぶつ) 구경
- 見学(けんがく) 견학
- 散歩(さんぽ) 산책
- 読書(どくしょ) 독서
- 競馬(けいば) 경마
- 酔(よ)う 취하다
- はく 신다, 입다
- くつを はく 구두를 신다
- 外(はず)す 벗다, 풀다, 끄르다
- めがねを 外す 안경을 벗다

문형으로 말하기

Track 107

A : 夜 遅くまで 起きて いるようですね。

B : はい、夜 遅くまで 見物を して います。

A : 山下さんは 散歩を する ことも ありますか。

B : はい、散歩を する ことは よく あります。

A : きのう お酒に 酔って いたようですね。

B : はい、ちょっと 酔って しまいました。

생생 듣기 연습

Track 108

※ 녹음된 일본어를 듣고 다음 ______ 부분을 완성해 보세요.

1. ______ を する ことも ありますか。
2. ______ まで 起きて いる ことは あります。
3. ずいぶん 遅くまで ______。
4. ______ まま つい 寝て しまったのです。
5. なるべく ______ を つけましょう。

실력 꾹!꾹! 다지기

1. 다음을 한자는 **ひらがな**로, **ひらがな**는 한자로 옮기세요.

① 毎晩 (　　　　　　　　)　　② せいかつ (　　　　　　　　)

③ 散歩 (　　　　　　　　)　　④ けんがく (　　　　　　　　)

⑤ 競馬 (　　　　　　　　)　　⑥ どくしょ (　　　　　　　　)

2. 다음 어구를 일본어로 옮기세요.

① 전등을 켜다 →

② 습관을 들이다 →

③ 안경을 벗다 →

3. 다음 일본어를 우리말로 옮기세요.

① いいえ、読書を する ことは ありません。

→ ______________________________

② めがねを 外した まま 入って しまいました。

→ ______________________________

③ あまり 不規則な 生活は よく ないでしょう。

→ ______________________________

4. 다음 우리말을 일본어로 옮기세요.

① 山下 씨는 경마를 좋아하는 것 같군요.

→ ____________________

② 술에 조금 취해 버렸습니다.

→ ____________________

③ 구두를 신은 채 들어와 버렸습니다.

→ ____________________

꼭! 꼭! 외워 두기

⊙ 식물 (5)

麦(むぎ) : 보리
もちごめ : 찹쌀
柚子(ゆず) : 유자
りんご : 사과
蓮根(れんこん) : 연근
わらび : 고사리
むくげ : 무궁화
桃(もも) : 복숭아
百合(ゆり) : 백합
レモン : 레몬
わかめ : 미역
木蓮(もくれん) : 목련
やし : 야자
蘭(らん) : 난초
れんぎょう : 개나리
わさび : 고추냉이

UNIT 29

かぜを 引いたらしいです

학습 Point　~らしい

생생 회화

Track 109

金：　このごろ 梅雨の ように 雨が よく 降りますね。
　　　天気予報に よると、あしたも 雨だそうです。

前田：　本当に いやですね。
　　　私は きのうから のどが 痛くて たまりません。
　　　どうも かぜを 引いたらしいです。

金：　それは いけませんね。きっと 天候が 不順だからですよ。
　　　それじゃ、早く うちへ 帰った 方が いいと 思います。

前田：　金さんは まだ 帰りませんか。

金：　私は もう しばらく 残って います。

前田：　それじゃ、先に 失礼します。

새로 나온 어구

- 梅雨(つゆ) 장마
- 天気予報(てんきよほう) 일기예보
- よる 의하다, 따르다
- いやだ 싫다
- のど 목, 목구멍
- たまらない 견딜 수 없다
- どうも ①아무래도 ②어쩐지 ③정말
- ~らしい ~(것) 같다
- きっと 꼭, 반드시
- 天候(てんこう) 날씨, 기후
- 不順(ふじゅん)だ 불순하다
- しばらく ①잠깐 ②한동안
- 残(のこ)る 남다
- 失礼(しつれい)する 실례하다

○ 확실하게 이해하는 문법 이야기

1 梅雨の ように : 장마처럼

앞에서 공부한 것처럼 조동사「ようだ」는 '불확실한 단정', 즉 '추측'을 나타내지만, 이 밖에 '비유'나 '예시 [예를 들어 보임]' 등을 나타내기도 합니다.「ようだ」는 활용에 있어서는 ナ형용사와 같은 활용을 합니다.

〔비유〕 まるで 人形の ようです。

〔예시〕 あなたの ような 人、

2 ~らしい

조동사「らしい」는 추측을 해서 단정을 하는 '추정'을 나타냅니다.「ようだ」가 단순한 추측을 나타내는 데에 반해「らしい」는 어떤 이유나 근거에 의해 추정을 하는 것입니다. 동사 · 형용사의 기본형(종지형), ナ형용사의 어간, 명사 등에 연결되며, 우리말의 '~것 같다, ~듯 하다'에 해당합니다.

예 バスが 遅れるらしい。
彼は 気分が 悪いらしい。
体は 丈夫らしいです。
あれは 海らしいです。

3 「どうも」의 의미

부사「どうも」에는 다음과 같은 우리말의 뜻이 있습니다.

① 아무래도, 도무지

예 どうも よく 分かりません。

② 어쩐지, 왠지

예 どうも 変ですね。

③ 정말로, 대단히

예 どうも ありがとう ございます。

튼튼 문형 만들기

Track 110

1 先週から [にわか雨(あめ) / 小雨(こさめ)] が よく 降(ふ)りますね。

2 私は このごろ [寂(さび)しくて / 悲(かな)しくて] たまりません。

3 金さんは [気(き)が 短(みじか)い / ドライブが 好(す)き] らしいです。

4 どうも 試験(しけん)に [落(お)ちた / 受(う)かった] らしいですね。

새로 나온 어구

- にわか雨(あめ) 소나기
- 小雨(こさめ) 가랑비
- 寂(さび)しい 외롭다, 쓸쓸하다
- 悲(かな)しい 슬프다
- 気が 短い 성격이 급하다
- ドライブ 드라이브, 운전
- 落(お)ちる 떨어지다
- 受(う)かる 붙다, 합격하다

문형으로 말하기

Track 111

A : 先週から にわか雨が よく 降りますね。

B : 私は 本当に いやです。

A : 金さんは ドライブが 好きらしいです。

B : それは すばらしいですね。

A : どうも 試験に 落ちたらしいですね。

B : それは いけませんね。

생생 듣기 연습

Track 112

※ 녹음된 일본어를 듣고 다음 ______ 부분을 완성해 보세요.

1. ______ に よると、あしたも 雨だそうです。
2. きのうから のどが 痛くて ______。
3. どうも ______ らしいです。
4. きっと ______ からですよ。
5. ______。

실력 꾹!꾹! 다지기

1. 다음 (　　) 안에 読みがな를 써 넣으세요.

① 梅雨 (　　　　　　　)　② 予報 (　　　　　　　)

③ 天候 (　　　　　　　)　④ 不順 (　　　　　　　)

⑤ 失礼 (　　　　　　　)　⑥ 小雨 (　　　　　　　)

2. 다음 단어의 뜻을 (　　) 안에 써 넣으세요.

① いやだ (　　　　　　　)　② のど (　　　　　　　)

③ たまらない (　　　　　　　)　④ きっと (　　　　　　　)

⑤ しばらく (　　　　　　　)　⑥ にわかあめ (　　　　　　　)

3. 다음 일본어를 우리말로 옮기세요.

① 私は このごろ 寂しくて たまりません。

→ ________________________________

② どうも 試験に 受かったらしいですね。

→ ________________________________

③ 私は もう しばらく 残って います。

→ ________________________________

4. 다음 우리말을 일본어로 옮기세요.

① 장마처럼 비가 자주 내리는군요.

→ ______________________________

② 金 씨는 성격이 급한 것 같습니다.

→ ______________________________

③ 아무래도 감기가 든 것 같군요.

→ ______________________________

꼭! 꼭! 외워 두기

⊙ **일본의 행정구분 (1)**

東京都 : とうきょうと	北海道 : ほっかいどう
大阪府 : おおさかふ	京都府 : きょうとふ
青森県 : あおもりけん	岩手県 : いわてけん
宮城県 : みやぎけん	秋田県 : あきたけん
山形県 : やまがたけん	福島県 : ふくしまけん
茨城県 : いばらきけん	栃木県 : とちぎけん

UNIT 30

どう 行けば いいでしょうか

학습 Point　～ば

생생 회화

Track 113

酒井：　文さん、貿易(ぼうえき)センターへ 行(い)くには どう 行けば いいでしょうか。

文：　この 道(みち)を まっすぐに 行って、三(み)つ目(め)の 角(かど)を 右(みぎ)に曲(ま)がると、左側(ひだりがわ)に あります。

酒井：　歩(ある)いて 何分(なんぷん)ぐらい かかりますか。

文：　十五分(じゅうごふん)ぐらい かかるでしょう。
貿易センターには 何(なん)の ご用(よう)ですか。

酒井：　友達(ともだち)と 約束(やくそく)が あって、二時(にじ)までに 行かなければ なりません。

文：　ああ、そうですか。

새로 나온 어구

- 文(ムン) 한국인의 성
- 貿易(ぼうえき) 무역
- 貿易センター 무역센터
- ~には ~(하)는 데는, ~(하)려면
- ~ば ~(하)면
- まっすぐ(に) 곧장, 바로
- 三(み)つ目(め) 세 번째
- 角(かど) 모퉁이, 모서리
- 曲(ま)がる 돌다, 굽다
- 左側(ひだりがわ) 좌측, 왼쪽
- (ご)用(よう) 볼일, 용무
- ~までに ~까지
- ~なければ ならない ~(하)지 않으면 안 된다, ~(하)여야 한다

○ 확실하게 이해하는 문법 이야기

1 동사 + ば

「ば」는 '가정'을 나타내는 접속조사로서 우리말의 '~(하)면'에 해당합니다. 이때의 동사의 활용형을 'ば형' 또는 '가정형'이라고 합니다.

예 行く + ば → 行けば　　見る + ば → 見れば
食べる + ば → 食べれば　　来る + ば → 来れば
する + ば → すれば

※「형용사 + ば」일 경우, 어미 「い」가 「けれ」로 변합니다.

예 ない + ば → なければ

2 行くには : 가려면

「行くには」는 「行くのには」에서 「の」가 생략된 형입니다.

예 ご飯を 食べる(の)には、

3 「まで」와 「までに」

둘 다 우리말의 '~까지'에 해당하지만 「まで」는 계속되는 동작의 끝나는 시간을 나타내며, 「までに」는 그 동작의 기한이나 마감시간을 나타냅니다.

예 一時から 十時まで 働く。
十五日までに 来て 下さい。

4 行かなければ なりません

「行かなければ」는 동사 「行く」의 부정형인 「行かない」에 「ば」가 접속된 것으로서 '가지 않으면'이라는 뜻입니다. 따라서 우리말의 '~(하)지 않으면 안 됩니다, ~(해)야 됩니다'는 일본어로 「~なければ なりません」으로 나타내면 됩니다.

예 見なければ なりません。

튼튼 문형 만들기

Track 114

1

市役所(しやくしょ)
放送局(ほうそうきょく)

へ 行(い)くには どう 行けば いいですか。

2

車(くるま)が 故障(こしょう)すれ
品質(ひんしつ)が よけれ

ば どう しますか。

3

左(ひだり) に 曲(ま)がると、

右側(みぎがわ)
正面(しょうめん)

に あります。

4

今月(こんげつ)の 十日(とおか)までに

決(き)め
伝(つた)え

なければ なりません。

새로 나온 어구

- 市役所(しやくしょ) 시청
- 放送局(ほうそうきょく) 방송국
- 故障(こしょう)する 고장 나다
- 品質(ひんしつ) 품질
- 右側(みぎがわ) 우측, 오른쪽
- 正面(しょうめん) 정면
- 決(き)める 정하다, 결정하다
- 伝(つた)える 전하다

문형으로 말하기

Track 115

A : 市役所へ 行くには どう 行けば いいですか。

B : この 道を まっすぐに 行って 下さい。

A : 品質が よければ どう しますか。

B : 品質が よければ 高くても 買います。

A : いつまでに 決めなければ なりませんか。

B : 今月の 十日までに 決めなければ なりません。

생생 듣기 연습

Track 116

※ 녹음된 일본어를 듣고 다음 ______ 부분을 완성해 보세요.

1. 貿易センターへ 行くには ______ いいですか。
2. この 道を ______ 行って 下さい。
3. ______ と、左側に あります。
4. 貿易センターには ______。
5. 二時までに ______。

실력 꾹!꾹! 다지기

1. 다음 단어에 보기와 같이 「ば」를 붙여 완성하세요.

보기 見る → 見れば　　　赤い → 赤ければ

① 曲がる + ば →
② よい + ば →
③ 故障する + ば →
④ 早い + ば →
⑤ 決める + ば →
⑥ 遅い + ば →

2. 다음 단어를 일본어의 한자 또는 **カタカナ**로 표기하세요.

① 무역 (　　　　　)
② 센터 (　　　　　)
③ 품질 (　　　　　)
④ 방송국 (　　　　　)
⑤ 정면 (　　　　　)
⑥ 드라이브 (　　　　　)

3. 다음 일본어를 우리말로 옮기세요.

① 放送局へ 行くには どう 行けば いいですか。

→ ________________________________

② 三つ目の 角を 右に 曲がって 下さい。

→ ________________________________

③ 今月の 十日までに 伝えなければ なりません

→ ________________________________

4. 다음 우리말을 일본어로 옮기세요.

① 차가 고장 나면 어떻게 합니까?

→ ______________________________

② 왼쪽으로 돌면 우측에 있습니다.

→ ______________________________

③ 12시에 친구와 약속이 있습니다.

→ ______________________________

꼭! 꼭! 외워 두기

⊙ 일본의 행정구분 (2)

群馬県 : ぐんまけん

千葉県 : ちばけん

新潟県 : にいがたけん

石川県 : いしかわけん

山梨県 : やまなしけん

岐阜県 : ぎふけん

埼玉県 : さいたまけん

神奈川県 : かながわけん

富山県 : とやまけん

福井県 : ふくいけん

長野県 : ながのけん

静岡県 : しずおかけん

UNIT 31 雨が 降ったら どう しますか

학습 Point
~なら
~たら

생생 회화 Track 117

池田: 中島さん、来週 釜山の 海雲臺へ 旅行を しませんか。

中島: いいですね。景色の いい 海雲臺なら 行きたいです。
宋さんは どうですか。

宋: 中島さんが 行くなら 私も 行きたいです。

中島: 費用は どの くらい かかりますか。

池田: 一泊しても 十万ウォンぐらい あれば 足りるでしょう。

中島: もし、雨が 降ったら どう しますか。

宋: 雨が 降ったら 行くのを 止めましょう。

池田: 少しぐらい 雨が 降っても 行きましょう。

中島: ええ、少しぐらいなら 行って みましょう。

새로 나온 어구

□ 中島(なかじま) 일본인의 성 □ 海雲台(ヘウンデ) 한국의 지명 □ 景色(けしき) 경치 □ ~の ~이/가 □ 宋(ソン) 한국인의 성
□ 費用(ひよう) 비용 □ 一泊(いっぱく)する 1박하다 □ 十万(じゅうまん) 10만 □ 足(た)りる 족하다, 충분하다
□ もし 만약, 만일 □ ~たら ~(하)면

○ 확실하게 이해하는 문법 이야기

1 景色の いい 海雲臺

'경치가 좋다'라고 하면「景色が いい」지만, '경치가 좋은 해운대'처럼 다음을 수식하는 수식절(관형절, 형용사절) 속에서는「が」 대신에「の」가 쓰입니다. 이때의「の」는 우리말의 '~이/가'에 해당하는 주격을 나타냅니다.

예 雨の 降る ところが あります。

2 行くなら : 가면, 간다면

앞에서 공부한 대로,「~なら」는 체언이나 용언의 기본형에 연결되어 '가정'이나 '조건'을 나타냅니다. 우리말의 '~(이)라면, (하)면'에 해당합니다.

예 日本なら 行きたいです。
姉が 行くなら 私も 行く。

3 ~たら

「たら」는「た」의 가정형「た+ば → たら(ば)」로서 '가정'이나 '조건'을 나타내며, 우리말의 '~(하)면, ~(하)니까, ~(했)더니'에 해당합니다.

예 天気が よかったら 行きます。
よく 見たら 吉田さんでした。

4 ば・と・なら・たら

'가정'이나 '조건'을 나타내는「ば・と・なら・たら」는 그 의미나 용법에 있어서 공통되는 부분이 있는가 하면, 그렇지 않은 부분이 있는 등, 매우 복잡한 양상을 띠고 있습니다. 이를 규명하기 위한 수많은 논문이 나와 있을 정도입니다. 일본어를 처음 공부하는 분에게는 많은 예문을 통해 체득하는 것이 오히려 좋은 방법이 될 수 있을 것입니다.

튼튼 문형 만들기

Track 118

①

眺(なが)め / 夜景(やけい)	の いい 東京(とうきょう)タワーなら 行(い)きたいです。

②

しょうちゅう / 生(なま)ビール	を 飲(の)むなら、あの 店(みせ)が いいです。

③

十万(じゅうまん)ウォンぐらい あれば	十分(じゅうぶん) / 間(ま)に合(あ)う	でしょう。

④

もし、	台風(たいふう)が 来(き) / 大雨(おおあめ)が 降(ふ)っ	たら どう しますか。

새로 나온 어구

- 眺(なが)め 전망, 경치
- 夜景(やけい) 야경
- 東京タワー 東京 타워
- しょうちゅう(焼酎) 소주
- 生(なま)ビール 생맥주
- 十分(じゅうぶん)だ 충분하다
- 間(ま)に 合(あ)う 족하다
- 台風(たいふう) 태풍
- 大雨(おおあめ) 큰비, 호우

문형으로 말하기

Track 119

A : 来週 どこかへ 旅行を しませんか。

B : 夜景の いい 東京タワーなら 行きたいです。

A : ちょっと 生ビールが 飲みたいですが。

B : 生ビールを 飲むなら、あの 店が いいです。

A : もし、台風が 来たら どう しますか。

B : 台風が 来たら 行くのを 止めましょう。

생생 듣기 연습

Track 120

※ 녹음된 일본어를 듣고 다음 ______ 부분을 완성해 보세요.

1. 中島さんが ______ 私も 行きたいです。
2. 費用は ______ かかりますか。
3. 十万ウォンぐらい あれば ______。
4. ______ 行くのを 止めましょう。
5. ええ、______。

실력 꾹!꾹! 다지기

1. 다음 단어를 보기와 같이 한자와 **送りがな**로 나타내세요.

보기	おきる → 起きる

① たりる →　　② やめる →

③ きめる →　　④ ながめ →

⑤ つたえる →　　⑥ じゅうぶんだ →

2. 다음 어구를 일본어로 옮기세요.

① 경치가 좋다 →

② 비용이 들다 →

③ 큰 비가 오다 →

3. 다음 일본어를 우리말로 옮기세요.

① 景色の いい ところへ 旅行を しませんか。

→ ____________________

② 五万ウォンぐらい あれば 間に合うでしょう。

→ ____________________

③ もし、大雨が 降ったら どう しますか。

→ ____________________

4. 다음 우리말을 일본어로 옮기세요.

① 전망이 좋은 해운대라면 가고 싶습니다.

→ ____________________

② 비용은 10만 원 정도 들 것입니다.

→ ____________________

③ 소주를 마신다면 저 집이 좋습니다.

→ ____________________

꼭! 꼭! 외워 두기

⊙ 일본의 행정구분 (3)

愛知県 : あいちけん
滋賀県 : しがけん
奈良県 : ならけん
鳥取県 : とっとりけん
岡山県 : おかやまけん
山口県 : やまぐちけん
三重県 : みえけん
兵庫県 : ひょうごけん
和歌山県 : わかやまけん
島根県 : しまねけん
広島県 : ひろしまけん
徳島県 : とくしまけん

UNIT 32

ばらの 花を やりました

학습 Point **수수표현 (1)**

생생 회화 Track 121

山口： 青木(あおき)さんは 結婚(けっこん)の 記念(きねん)に 奥(おく)さんに 何(なに)か 上(あ)げましたか。

青木： はい、私(わたし)は 妻(つま)に ばらの 花(はな)を やりました。

山口： 青木さんの 誕生日(たんじょうび)に、奥さんは 何か 下(くだ)さいましたか。

青木： はい、私に フランス製(せい)の ワインを くれました。

山口： ご両親(りょうしん)も 青木さんに 何か 下さいましたか。

青木： はい、父(ちち)は スイス製の 腕時計(うでどけい)を、母(はは)は 自分(じぶん)で 編(あ)んだ セーターを くれました。

山口： 先生(せんせい)からも お祝(いわ)いの 品物(しなもの)を もらいましたか。

青木： いいえ、先生からは 何も いただきませんでした。

새로 나온 어구

- 青木(あおき) 일본인의 성
- 記念(きねん) 기념
- ~に ~에게, ~께
- 上(あ)げる 올리다, 주다, 드리다
- 妻(つま) 처, 아내
- フランス製(せい) 프랑스제
- くれる 주다
- (ご)両親(りょうしん) 양친, 부모
- スイス製(せい) 스위스제
- 腕時計(うでどけい) 손목시계
- 自分(じぶん) 자기, 자신
- 自分で 스스로, 자신이
- 編(あ)む 짜다, 뜨다
- セーター 스웨터
- (お)祝(いわ)い 축하(인사, 선물)
- 品物(しなもの) 물건, 물품
- もらう 받다
- いただく 받다, 먹다, 마시다

확실하게 이해하는 문법 이야기

1 수수표현

수수표현(授受表現)이란 물건을 주고 받을 때 쓰는 표현을 말하며, 일본어에서는 누가 누구에게 주는가에 따라 사용되는 동사가 다릅니다. 여기에는「やる・上げる・くれる・下さる・もらう・いただく」등이 있습니다. 이들을 수수동사라고 합니다.

2 「やる」와「上げる」

둘 다 말하는 사람이 남에게 주는 경우이며「やる」는 우리말의 '주다',「上げる」는「やる」의 겸양어로서 우리말의 '드리다'에 해당합니다.

예 私が 友達に やりました。
私が 先生に 上げました。

3 「くれる」와「下さる」

둘 다 남이 말하는 사람에게 주는 경우이며「くれる」는 우리말의 '주다',「下さる」는「くれる」의 존경어로서 우리말의 '주시다'에 해당합니다.

예 友達が 私に 本を くれた。
先生が 私に 本を 下さった。

4 「もらう」와「いただく」

둘 다 말하는 사람이 남에게 받는 경우이며「いただく」는「もらう」의 겸양어입니다. '받다'의 겸양어가 우리말의 현대어에는 없기 때문에 둘 다 '받다'로 해석할 수밖에 없습니다.

예 友達に 本を もらった。
先生に 本を いただいた。

튼튼 문형 만들기

Track 122

1. [合格 / 就職] の お祝いに、青木さんに 何か 上げましたか。

2. 私は [兄 / 姉] に ばらの 花を やりました。

3. 青木さんは 私に [お土産 / 贈り物] を 下さいました。

4. [おじ / 主人] からも お祝いの 品物を いただきました。

새로 나온 어구

- 合格(ごうかく) 합격
- 就職(しゅうしょく) 취직
- 兄(あに) 형, 오빠
- 姉(あね) 누나, 언니
- (お)土産(みやげ) 선물, 토산품
- 贈(おく)り物(もの) 선물
- おじ 백부, 숙부, 삼촌, 외삼촌
- 主人(しゅじん) 남편, 주인

문형으로 말하기

Track 123

A：合格の お祝いに お姉さんに 何か 上げましたか。

B：はい、姉に ばらの 花を やりました。

A：誕生日に お父さんは 贈り物を 下さいましたか。

B：はい、父は きれいな 贈り物を くれました。

A：ご主人からも お祝いの 品物を もらいましたか。

B：いいえ、主人からは 何も いただきませんでした。

생생 듣기 연습

Track 124

※ 녹음된 일본어를 듣고 다음 ______ 부분을 완성해 보세요.

1. ______ の 記念に 奥さんに 何か 上げましたか。
2. 私は 妻に ______ を やりました。
3. 私に ______ の ワインを くれました。
4. 母は ______ セーターを くれました。
5. いいえ、______ 。

실력 꾹!꾹! 다지기

1. 다음을 남의 가족으로 높일 경우 보기와 같이 완성하세요.

> **보기** 어머니 : 母 → お母さん

① 아버지 : 父 →

② 삼촌 : おじ →

③ 형 : 兄 →

④ 누나 : 姉 →

⑤ 아내 : 妻 →

⑥ 남편 : 主人 →

2. 다음을 한자는 **ひらがな**로, **ひらがな**는 한자로 옮기세요.

① 両親 (　　　　　　)

② きねん (　　　　　　)

③ 合格 (　　　　　　)

④ じぶん (　　　　　　)

⑤ 就職 (　　　　　　)

⑥ みやげ (　　　　　　)

3. 다음 일본어를 우리말로 옮기세요.

① 就職の お祝いに お兄さんに 何を 上げましたか。

→ ______________________________

② 私は 兄に フランス製の ワインを やりました。

→ ______________________________

③ 青木さんは 私に きれいな 時計を 下さいました。

→ ______________________________

4. 다음 우리말을 일본어로 옮기세요.

① 어머님은 青木 씨에게 무엇을 주셨습니까?

→ ______________________________

② 누나는 저에게 붉은 스웨터를 주었습니다.

→ ______________________________

③ 삼촌한테도 축하 선물을 받았습니다.

→ ______________________________

꼭! 꼭! 외워 두기

⊙ 일본의 행정구분 (4)

香川県 : かがわけん

高知県 : こうちけん

佐賀県 : さがけん

熊本県 : くまもとけん

宮崎県 : みやざきけん

沖縄県 : おきなわけん

愛媛県 : えひめけん

福岡県 : ふくおかけん

長崎県 : ながさきけん

大分県 : おおいたけん

鹿児島県 : かごしまけん

UNIT 33

何か 手伝って やりましたか

학습 Point 수수표현 (2)

생생 회화 Track 125

岸： 福田さんの 結婚式の 時、李さんは 何か 手伝って やりましたか。

李： はい、私は 案内状の あて名を 書いて あげました。
それから、車で 福田さんを ホテルまで 送って あげました。

岸： 福田さんは 親切な 友達が いて いいですね。

福田： はい、みんなが いろいろ 手伝って くれたので 助かりました。

岸： 西村先生も 何か して 下さいましたか。

福田： 先生には 結婚式の 時 ごあいさつを して いただきました。

새로 나온 어구

- 福田(ふくだ) 일본인의 성
- 結婚式(けっこんしき) 결혼식
- 手伝(てつだ)う 거들다, 돕다
- 案内状(あんないじょう) 안내장
- あて名(な) (수신인의) 주소와 성명
- 送(おく)る 보내다, 바래다주다
- いろいろ 여러 모로
- 助(たす)かる 도움이 되다
- 西村(にしむら) 일본인의 성
- (ご)あいさつ 인사

○ 확실하게 이해하는 문법 이야기

1 「~て やる」와 「~て あげる」

「~て やる」는 우리말의 '~해 주다', 「~て あげる」는 '~해 드리다'에 해당합니다. 「やる」, 「あげる」가 접속조사 「て」 다음에 이어져 보조동사로 쓰이게 되면, 물건을 주고 받는 수수동사의 뜻은 희박해지고 「て」 앞의 본동사가 나타내는 행위의 주고 받음을 나타내게 됩니다.

예 本を 買って やりました。
詳しく 説明して あげました。

2 「~て くれる」와 「~て 下さる」

「~て くれる」는 우리말의 '~해 주다'에 해당하며, 「~て 下さる」는 '~해 주시다'에 해당합니다. 위의 설명처럼 「て」 다음의 「くれる」와 「下さる」는 보조동사의 기능을 합니다.

예 私に 本を 貸して くれた。
私に 本を 送って 下さった。

3 동사 「送る」의 의미

동사 「送る」에는 물건일 경우 '보내다', 사람일 경우 '바래다주다, 배웅하다'의 뜻이 있습니다.

예 荷物を 車で 送る。
友達を 駅まで 送る。

4 「~て もらう」와 「~て いただく」

이를 직역하면 둘 다 우리말의 '~해 받다'에 해당하는데, 이와 같은 표현은 아주 부자연스럽습니다. 따라서 '~에게 ~해 받다'를 '~가 ~해 주다'로 고쳐서 해석하는 것이 좋습니다.

예 兄に 買って もらった。
先生に 説明して いただいた。

튼튼 문형 만들기

Track 126

① [入学式(にゅうがくしき) / 卒業式(そつぎょうしき)] の 時(とき)、何(なに)か 手伝(てつだ)って やりましたか。

② はい、私(わたし)は 何か [助(たす)け / 探(さが)し] て あげました。

③ みんなが いろいろ [説明(せつめい)し / 案内(あんない)し] て くれました。

④ 西村先生(にしむらせんせい)には [発表(はっぴょう) / 整理(せいり)] を して いただきました。

새로 나온 어구

- 入学式(にゅうがくしき) 입학식
- 卒業式(そつぎょうしき) 졸업식
- 助(たす)ける 돕다, 도와 주다
- 探(さが)す 찾다
- 説明(せつめい)する 설명하다
- 案内(あんない)する 안내하다
- 発表(はっぴょう) 발표
- 整理(せいり) 정리

○ 문형으로 말하기

Track 127

A：入学式の 時、何か 手伝って やりましたか。

B：はい、写真を 撮って あげました。

A：福田さんは 親切な 友達が いて いいですね。

B：はい、みんなが いろいろ 案内して くれます。

A：西村先生も 何か して 下さいましたか。

B：はい、先生には 発表を して いただきました。

생생 듣기 연습

Track 128

※ 녹음된 일본어를 듣고 다음 ______ 부분을 완성해 보세요.

1. ______ の 時、何か 手伝って やりましたか。
2. 私は ______ の あて名を 書いて あげました。
3. 車で ホテルまで ______。
4. みんなが いろいろ ______ ので 助かりました。
5. 先生には ______。

실력 꾹!꾹! 다지기

1. 다음 (　　) 안에 **読みがな**를 써 넣으세요.

① 案内 (　　　　　　　　)　　② 親切 (　　　　　　　　)

③ 卒業 (　　　　　　　　)　　④ 説明 (　　　　　　　　)

⑤ 発表 (　　　　　　　　)　　⑥ 整理 (　　　　　　　　)

2. 다음 동사를 보기와 같이 한자와 **送りがな**로 나타내세요.

보기	たべる → 食べる

① てつだう →　　② あむ →

③ おくる →　　④ さがす →

⑤ たすける →　　⑥ くださる →

3. 다음 일본어를 우리말로 옮기세요.

① 卒業式の 時、何か 手伝って やりましたか。

→ ______________________________

② はい、私は 何か 助けて あげました。

→ ______________________________

③ いろいろ 説明して くれたので 助かりました。

→ ______________________________

4. 다음 우리말을 일본어로 옮기세요.

① 福田 씨는 친절한 친구가 있어서 좋겠군요.

→ ______________________________

② 모두가 여러 모로 거들어 줍니다.

→ ______________________________

③ 西村 선생님은 정리를 해 주셨습니다.

→ ______________________________

꼭! 꼭! 외워 두기

⊙ **관용적 표현 (1)**

上着(うわぎ)を 着(き)る : 상의를 입다

お茶(ちゃ)を 入(い)れる : 차를 끓이다

顔(かお)を 洗(あら)う : 세수를 하다

髪(かみ)を とかす : 머리를 빗다

ガラスを 割(わ)る : 유리를 깨다

上着(うわぎ)を 脱(ぬ)ぐ : 상의를 벗다

おなかが 空(す)く : 배가 고프다

傘(かさ)を さす : 우산을 쓰다

ガムを かむ : 껌을 씹다

気(き)を 使(つか)う : 신경을 쓰다

UNIT 34

よく 母に しかられました

학습 Point　동사 + れる · られる (1)

생생 회화　Track 129

原: 高さんは 子供(こども)の ころ ご両親(りょうしん)に しかられた ことが ありますか。

高: はい、しかられた ことが あります。

原: どうして しかられましたか。

高: 弟(おとうと)や 妹(いもうと)を いじめてばかり いると 言(い)って、よく 母(はは)に しかられました。

原: 学生時代(がくせいじだい)に 先生(せんせい)に ほめられた ことが ありますか。

高: はい、ほめられた ことが あります。

原: 何(なに)を して ほめられましたか。

高: 試験(しけん)の 成績(せいせき)が よかったので ほめられました。

새로 나온 어구

□ 高(ゴ) 한국인의 성　□ しかる 꾸짖다, 꾸중하다　□ ~れる ~(해)지다, ~ 당하다　□ しかられる 꾸중 듣다　□ 弟(おとうと) 남동생　□ 妹(いもうと) 여동생　□ いじめる 괴롭히다, 구박하다　□ 学生時代(がくせいじだい) 학창시절　□ ほめる 칭찬하다　□ ~られる ~(해)지다, ~ 당하다　□ ほめられる 칭찬 듣다

확실하게 이해하는 문법 이야기

1 동사 + れる · られる

「れる · られる」는 '수동 · 존경 · 가능 · 자발'을 나타내는 조동사로서 동사의 「ない형」에 연결됩니다(「する」는 예외). 「れる」는 5단동사 및 「する」동사에 「られる」는 1단동사 및 「来る」동사에 연결됩니다.

예 行く + れる → 行かれる　　見る + られる → 見られる
食べる + られる → 食べられる　　来る + られる → 来られる
する + れる → される

2 「れる · られる」의 의미 · 용법

이번 과의 「れる · られる」는 '수동'을 나타내지만, 이 밖에 어느 것을 나타내는지는 앞뒤 문맥에 따라 파악해야 합니다.

① 수동 : ~(해)지다, ~당하다
예 先生に よく しかられる。

② 존경 : ~(하)시다
예 いつ 韓国に 来られますか。

③ 가능 : ~(할) 수 있다
예 朝 早く 起きられます。

④ 자발 : ~(해)지다
예 夏休みが 待たれる。

3 学生時代 : 학창시절

한국과 일본에서는 한자어가 서로 같은 의미로 쓰이는 경우가 많으나, 「学生時代」처럼 서로 다르게 쓰이는 경우도 있습니다.

예

	입주	민박	퇴근	공부	화초
한국 :	入住	民泊	退勤	工夫	花草
	↕	↕	↕	↕	↕
	にゅうきょ	みんしゅく	たいしゃ	べんきょう	くさばな
일본 :	入居	民宿	退社	勉強	草花

튼튼 문형 만들기

Track 130

1 はい、

足(あし)を 踏(ふ)まれた
席(せき)を 取(と)られた

ことが　あります。

2 どうして　皆さんに

尊敬(そんけい)され
信用(しんよう)され

ましたか。

3 先生(せんせい)に

かわいがられた
だまされた

ことが　あります。

4 試験(しけん)の

点数(てんすう)
結果(けっか)

が　よかったので　ほめられました。

새로 나온 어구

- 足(あし) 발, 다리
- 踏(ふ)む 밟다
- 席(せき) 자리, 좌석
- 席を 取る 자리를 잡다
- 尊敬(そんけい)する 존경하다
- 信用(しんよう)する 신용하다
- かわいがる 귀여워하다
- だます 속이다
- 点数(てんすう) 점수
- 結果(けっか) 결과

문형으로 말하기

Track 131

A : どうして 皆さんに 尊敬されましたか。

B : 信用が あると 言って、尊敬されました。

A : 先生に かわいがられた ことが ありますか。

B : はい、学生時代に よく かわいがられました。

A : 何を して お父さんに ほめられましたか。

B : 試験の 結果が よかったので ほめられました。

생생 듣기 연습

Track 132

※ 녹음된 일본어를 듣고 다음 ______ 부분을 완성해 보세요.

1. ______ の ころ ご両親に よく しかられましたか。
2. ______ を いじめてばかり いました。
3. はい、よく ______。
4. 学生時代に ______ ことが ありますか。
5. ______ ので ほめられました。

실력 꾹!꾹! 다지기

1. 다음 동사를 보기와 같이 「**れる**」 또는 「**られる**」를 붙여 완성하세요.

보기 する → される　　決める → 決められる

① いじめる (　　　　　　)　② 踏む (　　　　　　)

③ 取る (　　　　　　)　④ ほめる (　　　　　　)

⑤ かわいがる (　　　　　　)　⑥ だます (　　　　　　)

2. 다음 단어의 뜻을 (　　) 안에 써 넣으세요.

① しかる (　　　　　　)　② いもうと (　　　　　　)

③ いじめる (　　　　　　)　④ がくせいじだい (　　　　　　)

⑤ だます (　　　　　　)　⑥ かわいがる (　　　　　　)

3. 다음 일본어를 우리말로 옮기세요.

① 地下鉄で 足を 踏まれた ことが あります。

→ ______________________________

② 弟を いじめて いて、父に しかられました。

→ ______________________________

③ 試験の 点数が よかったので ほめられました。

→ ______________________________

4. 다음 우리말을 일본어로 옮기세요.

① 예, 자리를 빼앗긴 적이 있습니다.

→ ______________________________

② 친구에게 속은 적은 있습니까?

→ ______________________________

③ 학창시절에 자주 귀여움 받았습니다.

→ ______________________________

꼭! 꼭! 외워 두기

⊙ 관용적 표현 (2)

気(き)を つける : 주의하다, 조심하다

くつを はく : 구두를 신다

碁(ご)を 打(う)つ : 바둑을 두다

事務(じむ)を とる : 사무를 보다

シャワーを 浴(あ)びる : 샤워를 하다

口(くち)を ゆすぐ : 입을 헹구다

車(くるま)を 止(と)める : 차를 세우다

試験(しけん)を 受(う)ける : 시험을 치다

写真(しゃしん)を とる : 사진을 찍다

将棋(しょうぎ)を さす : 장기를 두다

UNIT 35

すりに 財布を すられました

학습 Point **동사 + れる · られる (2)**

생생 회화

Track 133

野村: 藤原さん、毎日 地下鉄で 通勤するのは 大変ですね。

藤原: はい、そうなんです。
特に ラッシュアワーの 時は 大変ですよ。

野村: そうでしょうね。

藤原: たまには すごく 込んで いるので、背中を 押されたり
足を 踏まれたり します。

野村: 藤原さんは 災難に 遭った ことも ありますか。

藤原: はい、あります。先日 込んで いた
地下鉄の 中で、すりに 財布を
すられました。

野村: それは 災難でしたね。

새로 나온 어구

- 藤原(ふじわら) 일본인의 성
- 通勤(つうきん)する 통근하다
- 大変(たいへん)だ 대단하다, 힘들다
- 特(とく)に 특히
- ラッシュアワー 러시아워
- たまに 가끔
- 背中(せなか) 등
- 押(お)す 밀다
- 災難(さいなん) 재난, 불행한 일
- 遭(あ)う 만나다, 당하다
- すり 소매치기
- する 소매치기하다

확실하게 이해하는 문법 이야기

1 수동과 자발

앞에 나온「しかられる · 押される」는 5단동사에「れる」가 연결된 것이고,「ほめられる」는 1단동사에「られる」가 연결된 것으로 둘 다 '수동'을 나타내는 표현입니다. 그런데 이 '수동'과 '자발'은 혼동하기 쉬우니 주의해 주세요.

예 先生に しかられる。…… ①
夏休みが 待たれる。…… ②

위의 ①은 선생님으로부터 동작을 받는 수동표현이지만, ②는 아무런 동작을 받지 않고 자연히 일어나는 자발표현입니다.

※ '존경'과 '가능'도 혼동하기 쉬운 편인데, 역시 앞뒤의 문맥에 따라 파악해야 합니다.

2 「大変」의 의미

「大変」은 품사에 따라 다음과 같은 우리말의 뜻이 있습니다.

① 명사 : 큰일
예 大変だ。火事だ。火事だ。

② ナ형용사 : 대단하다, 힘들다
예 夜 遅くまで 大変ですね。

③ 부사 : 대단히, 매우
예 大変 うれしいです。

3 地下鉄 : 지하철

이 밖에「乗り物(탈것)」를 들어 보면 다음과 같습니다.

車 차	自動車 자동차	自転車 자전거	電車 전철
船 배	飛行機 비행기	列車 열차	タクシー 택시
バス 버스	トラック 트럭	ヨット 요트	オートバイ 오토바이

튼튼 문형 만들기

Track 134

1. 毎日(まいにち) 電車(でんしゃ)で [通学(つうがく)する / 出勤(しゅっきん)する] のは 大変(たいへん)ですね。

2. 特(とく)に [火事(かじ) / 地震(じしん)] の 時(とき)は 大変ですよ。

3. たまには 皆さんに [愛(あい)され / 賛成(さんせい)され] たり します。

4. 地下鉄(ちかてつ)の 中(なか)で、[カメラを 盗(ぬす)まれ / ドアに はさまれ] ました。

새로 나온 어구

- 通学(つうがく)する 통학하다
- 出勤(しゅっきん)する 출근하다
- 火事(かじ) 불, 화재
- 地震(じしん) 지진
- 愛(あい)する 사랑하다
- 賛成(さんせい)する 찬성하다
- 盗(ぬす)む 훔치다, 도둑질하다
- ドア 도어, 문
- はさむ 끼다, 끼우다

○ 문형으로 말하기

Track 135

A : 毎日 電車で 出勤するのは 大変ですね。

B : はい、そうなんです。

A : たまには 皆さんに 愛されたり しますか。

B : はい、よく 皆さんに 愛されます。

A : 藤原さんは 災難に 遭った ことが ありますか。

B : はい、地下鉄の 中で カメラを 盗まれました。

생생 듣기 연습

Track 136

※ 녹음된 일본어를 듣고 다음 ＿＿＿ 부분을 완성해 보세요.

1. 毎日 ＿＿＿＿＿＿ で 通勤するのは 大変ですね。
2. 特に ＿＿＿＿＿＿＿＿＿ の 時は 大変ですよ。
3. ＿＿＿＿＿＿＿＿＿＿ 足を 踏まれたり します。
4. 地下鉄の 中で すりに ＿＿＿＿＿＿＿＿＿＿＿＿。
5. ＿＿＿＿＿＿＿＿＿＿＿＿＿。

실력 꾹!꾹! 다지기

1. 다음 (　　) 안에 알맞은 말을 써 넣으세요.

① 背中を 押され(　　　　) 足を 踏まれ(　　　　) します。

② 藤井さん(　　　　) 災難(　　　　) 遭った ことも ありますか。

③ 地下鉄の 中(　　　　) ドア(　　　　) はさまれました。

2. 다음 단어를 일본어의 한자 또는 **ひらがな**로 표기하세요.

① 특히 (　　　　　　　　)　　② 가끔 (　　　　　　　　)

③ 소매치기 (　　　　　　　　)　　④ 불 (　　　　　　　　)

⑤ 여러분 (　　　　　　　　)　　⑥ 사랑하다 (　　　　　　　　)

3. 다음 일본어를 우리말로 옮기세요.

① そうなんです。特に 地震の 時は 大変ですよ。

→ ________________________________

② たまには 皆さんに 賛成されたり します。

→ ________________________________

③ バスの 中で すりに お金を すられました。

→ ________________________________

4. 다음 우리말을 일본어로 옮기세요.

① 지하철은 가끔 대단히 혼잡합니다.

→ ______________________

② 매일 전철로 통학하는 것은 힘들겠군요.

→ ______________________

③ 지하철 속에서 문에 끼이었습니다.

→ ______________________

꼭! 꼭! 외워 두기

⦿ 관용적 표현 (3)

小便(しょうべん)をする : 소변을 보다

スイッチを入(い)れる : 스위치를 켜다

スイッチを切(き)る : 스위치를 끄다

ズボンをはく : 바지를 입다

洗濯(せんたく)をする : 빨래(세탁)를 하다

線(せん)を引(ひ)く : 줄을 긋다

タクシーを拾(ひろ)う : 택시를 잡다

タバコを吸(す)う : 담배를 피우다

UNIT 36

一時間ぐらい やらせます

학습 Point　동사 + せる · させる (1)

생생 회화　Track 137

田村：　先生は 選手に どの ような 練習を させますか。

先生：　始めに いつも 簡単な 体操を やらせます。
　　　　それから、ランニングを させます。

田村：　選手達を 走らせるのですか。

先生：　ええ、足や 腰を 強く させる ためです。次に 前の日に 教えた ことの 練習を 一時間ぐらい やらせます。

田村：　先生が 直接 教えるのですか。

先生：　たいてい 私が 教えますが、先輩に 後輩を 教えさせる ことも あります。

田村：　それも いいかも 知れませんね。

새로 나온 어구

- 選手(せんしゅ) 선수
- ~せる ~(하)게 하다, 시키다
- 簡単(かんたん)だ 간단하다
- ランニング 런닝, 달리기
- 腰(こし) 허리
- ~ため ~위함, ~때문
- 次(つぎ) 다음
- 直接(ちょくせつ) 직접
- 後輩(こうはい) 후배
- ~させる ~(하)게 하다
- ~かも ~(일)지도, ~(할)지도
- ~かも 知れない ~(일)지도 모른다

○ 확실하게 이해하는 문법 이야기

1 동사 + せる · させる

'사역'의 조동사「せる·させる」는「れる·られる」처럼 동사의 'ない형'에 연결됩니다(「する」는 예외). 「せる」는 5단동사 및「する」동사에, 「させる」는 1단동사 및「来る」동사에 연결됩니다.

예 行く + せる → 行かせる　　　見る+させる → 見させる
食べる+させる → 食べさせる　　　来る+させる → 来させる
する + せる → させる

「せる·させる」는 '사역', 즉 남에게 어떤 동작을 시키는 것을 나타내며 우리말의 '~(하)게 하다'에 해당합니다.

2 동사「やる」의 의미

동사「やる」에는 다음과 같은 우리말의 뜻이 있습니다.

① 하다 : 예 何を やって いますか。

② 주다 : 예 弟に 本を やった。

3 「ため(に)」의 의미 · 용법

「ため(に)」에는 다음과 같은 의미 · 용법이 있습니다.

① 목적 : ~위하여

예 旅行の ため 金を ためる。

② 원인 · 이유 : ~때문(에)

예 病気の ため 学校を 休んだ。

4 いいかも 知れませんね : 좋을지도 모르겠군요

「~かも 知れない」는 우리말의 '~(할)지도 모른다'의 뜻입니다.

예 あした 帰るかも 知れない。
もっと 寒いかも 知れません。

튼튼 문형 만들기

Track 138

1 いつも 学生(がくせい)に [文章(ぶんしょう)を 読(よ)ませ / 作文(さくぶん)を 書(か)かせ] ます。

2 まず 辞書(じしょ)で [意味(いみ) / 例文(れいぶん)] を 調(しら)べさせます。

3 [手(て)や 首(くび) / 手首(てくび)や 足首(あしくび)] を 強(つよ)く させる ためです。

4 たまに 学生達(たち)を [笑(わら)わせる / 怒(おこ)らせる] ことも あります。

새로 나온 어구

- 文章(ぶんしょう) 문장
- 作文(さくぶん) 작문
- 意味(いみ) 의미
- 意味を 調べる 의미를 찾다
- 例文(れいぶん) 예문
- 手(て) 손
- 首(くび) 목
- 手首(てくび) 손목
- 足首(あしくび) 발목
- 怒(おこ)る 화내다, 성내다

문형으로 말하기

Track 139

A：始めに 先生は 学生に 何を させますか。

B：まず 簡単な 文章を 読ませます。

A：先生は 学生に どの ような 練習を させますか。

B：いつも 辞書で 例文を 調べさせます。

A：たまに 学生達を 笑わせる ことも あります。

B：それも いいかも 知れませんね。

생생 듣기 연습

Track 140

※ 녹음된 일본어를 듣고 다음 ______ 부분을 완성해 보세요.

1. 始めに いつも 簡単な ______ を やらせます。
2. それから ______ を させます。
3. ______ を 強く させる ためです。
4. 先輩に 後輩を ______ も あります。
5. ______。

실력 꾹!꾹! 다지기

1. 다음 동사를 보기와 같이 「**せる**」 또는 「**させる**」를 붙여 완성하세요.

보기	する → させる	食べる → 食べさせる

① 教える (　　　　　　)　② 読む (　　　　　　)

③ 書く (　　　　　　)　④ 調べる (　　　　　　)

⑤ 笑う (　　　　　　)　⑥ 怒る (　　　　　　)

2. 다음을 한자는 **ひらがな**로, **ひらがな**는 한자로 옮기세요.

① 選手 (　　　　　　)　② さくぶん (　　　　　　)

③ 直接 (　　　　　　)　④ いみ (　　　　　　)

⑤ 後輩 (　　　　　　)　⑥ れいぶん (　　　　　　)

3. 다음 일본어를 우리말로 옮기세요.

① まず 先生は 学生に 作文を 書かせます。

→ ＿＿＿＿＿＿＿＿＿＿＿＿＿＿＿＿

② いつも 辞書で 意味を 調べさせます。

→ ＿＿＿＿＿＿＿＿＿＿＿＿＿＿＿＿

③ 手首や 足首を 強く させる ためです。

→ ＿＿＿＿＿＿＿＿＿＿＿＿＿＿＿＿

4. 다음 우리말을 일본어로 옮기세요.

① 선생님은 학생에게 런닝을 시킵니다.

→ ______________________________

② 매일 연습을 1시간 정도 하게 합니다.

→ ______________________________

③ 가끔 학생들을 화나게 하는 일도 있습니다.

→ ______________________________

꼭! 꼭! 외워 두기

⊙ **관용적 표현 (4)**

タバコを 止(や)める : 담배를 끊다

つばを 吐(は)く : 침을 뱉다

テレビを つける : 텔레비전을 켜다

テレビを 消(け)す : 텔레비전을 끄다

電話(でんわ)を かける : 전화를 걸다

電話(でんわ)を 切(き)る : 전화를 끊다

電話(でんわ)を 受(う)ける : 전화를 받다

時計(とけい)を はめる : 시계를 차다

UNIT 37

先生の 質問に 答えさせます

학습 Point　동사 + せる · させる (2)

생생 회화

Track 141

小川: 先生は 教室で 学生に どんな ことを させますか。

福田: まず 学生に 日本語の 正しい 発音を 聞かせます。

小川: 何度も 聞かせますか。

福田: もちろん 何度も くりかえして 聞かせます。

小川: それから、どう するんですか。

福田: 教科書の 本文を 読ませます。次に 先生の 質問に 答えさせます。

小川: 作文も させるんですか。

福田: 作文は 宿題です。
教科書の 文を 参考に して
家で 書かせます。

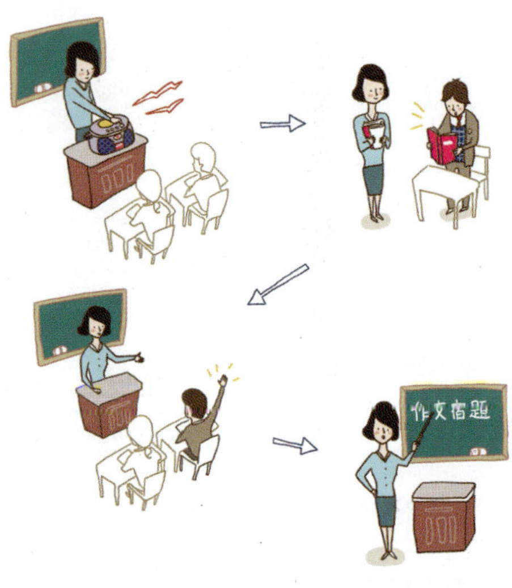

새로 나온 어구

- 正(ただ)しい 바르다, 올바르다
- 何度(なんど)も 몇 번이나
- もちろん 물론
- くりかえす 되풀이하다, 반복하다
- 教科書(きょうかしょ) 교과서
- 本文(ほんぶん) 본문
- 質問(しつもん) 질문
- 答(こた)える 대답하다
- 文(ぶん) 문, 문장
- 参考(さんこう) 참고
- 参考に する 참고(로) 하다

확실하게 이해하는 문법 이야기

1 사역표현

앞에 나온「やらせる·聞かせる」는 5단동사에「せる」가 연결된 것이고,「教えさせる·答えさせる」는 1단동사에「させる」가 연결된 것으로 둘 다 '사역'을 나타내는 표현입니다. 이와 같이「せる·させる」는 '사역', 즉 남에게 어떤 동작을 시키는 것을 나타내며 우리말의 '~(하)게 하다'에 해당합니다.

예 教科書の 本文を 読ませる。
先生の 質問に 答えさせる。

2 「和語」와「漢語」

일본어에는「和語(わご)」와「漢語(かんご)」가 있습니다. **和語**는 일본의 고유어로서 부드러운 느낌을 주기 때문에 일상생활의 회화체에 잘 쓰이고, **漢語**는 한자어로서 좀 딱딱한 만큼 격식을 차린 문장체에 많이 쓰입니다.

예

和語	漢語
도착하다 : 着(つ)く	到着(とうちゃく)する
방문하다 : 訪(たず)ねる	訪問(ほうもん)する
초대하다 : 招(まね)く	招待(しょうたい)する
확인하다 : 確(たし)かめる	確認(かくにん)する
반복하다 : くりかえす	反復(はんぷく)する

3 参考に する : 참고하다

우리말의 '참고하다', '희생하다'를 일본어로 옮길 경우,「参考に する」,「犠牲(ぎせい)に する」처럼 일반적으로 조사「に」를 붙여 말한다는 점에 유의해 주세요.

튼튼 문형 만들기

Track 142

1. [音楽室(おんがくしつ) / 美術室(びじゅつしつ)] では 学生に どんな ことを させますか。

2. まず 学生(がくせい)に [正確(せいかく)な / 自然(しぜん)な] 発音(はつおん)を 聞(き)かせます。

3. きれいな 発音を [続(つづ)けて / 継続(けいぞく)して] 聞かせます。

4. もちろん 学生に [資料(しりょう)を 集(あつ)め / 例(れい)を 挙(あ)げ] させます。

새로 나온 어구

□ 音楽室(おんがくしつ) 음악실 □ 美術室(びじゅつしつ) 미술실 □ 正確(せいかく)だ 정확하다 □ 自然(しぜん)だ 자연스럽다 □ 続(つづ)ける 계속하다 □ 継続(けいぞく)する 계속하다 □ 資料(しりょう) 자료 □ 集(あつ)める 모으다 □ 例(れい) 예 □ 挙(あ)げる 들다

문형으로 말하기

Track 143

A : 音楽室では 学生に どんな ことを させますか。

B : まず 学生に 何度も 音楽を 聞かせます。

A : 正確な 発音を 何度も 聞かせますか。

B : はい、何度も くりかえして 聞かせます。

A : 先生は 学生に 資料を 集めさせますか。

B : もちろん 資料を たくさん 集めさせます。

생생 듣기 연습

Track 144

※ 녹음된 일본어를 듣고 다음 ______ 부분을 완성해 보세요.

1. ______________ で 学生に どんな ことを させますか。
2. 学生に ______________ 発音を 聞かせます。
3. 次に ______________ に 答えさせます。
4. 作文も させるんですか。______________。
5. 教科書の 文を ______________ 家で 書かせます。

실력 꼭!꼭! 다지기

1. 다음 (　　) 안에 **読みがな**를 써 넣으세요.

① 本文 (　　　　　　)　② 質問 (　　　　　　)

③ 参考 (　　　　　　)　④ 音楽 (　　　　　　)

⑤ 美術 (　　　　　　)　⑥ 資料 (　　　　　　)

2. 다음 동사를 보기와 같이 한자와 **送りがな**로 나타내세요.

보기 おきる → 起きる

① ただしい →　② こたえる →

③ つづける →　④ しぜんだ →

⑤ あつめる →　⑥ あげる →

3. 다음 일본어를 우리말로 옮기세요.

① 美術室では 学生に どんな ことを させますか。

→ ______

② まず 学生に 自然な 発音を 聞かせます。

→ ______

③ 授業の 時、学生に よく 例を 挙げさせます。

→ ______

4. 다음 우리말을 일본어로 옮기세요.

① 일본어의 정확한 발음을 듣게 합니다.

→ ______________________________

② 물론 선생님의 질문에 대답하게 합니다.

→ ______________________________

③ 교과서의 문장을 참고로 하여 주십시오.

→ ______________________________

꼭! 꼭! 외워 두기

⊙ 관용적 표현 (5)

年(とし)を とる : 나이를 먹다

日記(にっき)を つける : 일기를 쓰다

荷物(にもつ)を まとめる : 짐을 챙기다

荷物(にもつ)を 持(も)つ : 짐을 들다

ネクタイを 締(し)める : 넥타이를 매다

ネクタイを 外(はず)す : 넥타이를 풀다

歯(は)を 磨(みが)く : 이를 닦다(양치하다)

ピアノを ひく : 피아노를 치다

UNIT 38

何時ごろ お宅へ お帰りですか

학습 Point **경어표현 (1)**

생생 회화 Track 145

古山: 石井さんは どこで 地下鉄に お乗りに なりますか。

石井: 赤坂駅で 乗ります。

古山: 地下鉄に 乗られる 度に きっぷを お買いに なりますか。

石井: いいえ、定期券を 持って いますから、乗る 度には 買いません。

古山: 今日は 何時ごろ お宅へ お帰りですか。

石井: 八時ごろ 帰ろうと 思って います。

古山: それでは、まだ 時間が ありますから、お茶でも 入れましょうか。

石井: お茶なら 私が お入れします。

새로 나온 어구

- 石井(いしい) 일본인의 성
- お乗(の)りに なる 타시다
- 赤坂(あかさか) 일본의 지명
- 乗(の)られる 타시다
- ~度(たび)に ~(때)마다
- お買(か)いに なる 사시다
- 定期券(ていきけん) 정기권
- お帰(かえ)り 돌아가심, 귀가
- 入(い)れる 넣다
- お茶を 入れる 차를 넣다, 차를 끓이다

○ 확실하게 이해하는 문법 이야기

1 경어표현

경어표현이란 경어(敬語)를 사용해서 나타내는 표현을 말하며, 경어에는 존경어 · 겸양어 · 공손어 등이 있습니다.

① 존경어 : 어떤 사람의 행위나 동작 등을 높여서 하는 말이나 표현
② 겸양어 : 어떤 사람에게 관계되는 자신의 행위나 동작 등을 낮추어서 하는 말이나 표현
③ 공손어 : 듣는 사람에게 공손하게 하는 말이나 표현으로서 주로 문말(文末)에 쓰임

2 お乗りに なりますか : 타십니까?

「お乗りに なる」는 「乗る」의 존경표현입니다. 이와 같이 「お＋동사의 ます형＋に なる」는 존경표현을 나타냅니다.

예 お読みに なる : 「読む」의 존경표현

3 乗られる 度に : 타실 때마다

「乗られる」는 「乗る」의 존경표현입니다. 「동사＋れる·られる」에는 '존경'을 나타내는 경우가 있습니다.

예 読まれる　　来られる

4 お帰りですか : 돌아가십니까?

「お帰りですか」는 「帰りますか」의 존경표현입니다. 「お＋동사의 ます형＋ですか」도 존경표현을 나타냅니다.

예 いつ 日本へ お帰りですか。

5 お茶を お入れします

「お入れする」는 「入れる」의 겸양표현입니다. 이와 같이 「お＋동사의 ます형＋する」와 「ご+漢語명사+する」는 겸양표현을 나타냅니다.

예 お待ちする : 「待つ」의 겸양표현
ご案内する : 「案内する」의 겸양표현

튼튼 문형 만들기

Track 146

1. 毎日(まいにち) どこで 電車(でんしゃ)に [お乗りですか。 / お乗りに なりますか。]

2. 石井(いしい)さんは [割引券(わりびきけん) / 商品券(しょうひんけん)] を お持(も)ちですか。

3. 今日(きょう)は 何時(なんじ)ごろ [お発(た)ちに / お着(つ)きに] なりますか。

4. はい、私(わたし)が [お訪(たず)ね / ご紹介(しょうかい)] します。

새로 나온 어구

- 割引券(わりびきけん) 할인권
- 商品券(しょうひんけん) 상품권
- 発(た)つ 떠나다, 출발하다
- 着(つ)く 도착하다
- 訪(たず)ねる 방문하다
- 紹介(しょうかい)する 소개하다

문형으로 말하기

Track 147

A : 石井さんは 割引券を お持ちですか。

B : はい、割引券を 持っています。

A : 今日は 何時ごろ お着きに なりますか。

B : 六時ごろ 着くだろうと 思います。

A : 時間が ありますから、私が ご紹介します。

B : どうも ありがとう ございます。

생생 듣기 연습

Track 148

※ 녹음된 일본어를 듣고 다음 부분을 완성해 보세요.

1. 石井さんは どこで ＿＿＿＿＿＿ に お乗りに なりますか。
2. 乗られる 度に きっぷを ＿＿＿＿＿＿。
3. 今日は 何時ごろ ＿＿＿＿＿＿。
4. まだ ＿＿＿＿＿＿ 、お茶でも 入れましょうか。
5. ＿＿＿＿＿＿。

실력 꼭!꼭! 다지기

1. 다음을 보기와 같이 공손과 존경표현으로 나타내세요.

> **보기** 乗る : 乗りますか → お乗りですか → お乗りに なりますか

① 帰る :　　　　→　　　　→

② 発つ :　　　　→　　　　→

③ 着く :　　　　→　　　　→

2. 다음을 보기와 같이 공손과 겸양표현으로 나타내세요.

> **보기** 入れる : 入れます　→　お入れします

① 持つ :　　　　→

② 訪ねる :　　　　→

③ 紹介する :　　　　→

3. 다음 일본어를 우리말로 옮기세요.

① 毎日 どこで 電車に お乗りに なりますか。

→ ______________________________

② 電車に 乗られる 度に 新聞を お読みですか。

→ ______________________________

③ それでは、私が ご紹介したいと 思います。

→ ______________________________

4. 다음 우리말을 일본어로 옮기세요.

① 아니오, 탈 때마다는 사지 않습니다.

→ ____________________

② 제가 상품권을 가지고 있습니다.

→ ____________________

③ 石井 씨, 내일 몇 시쯤 떠나십니까?

→ ____________________

꼭! 꼭! 외워 두기

⊙ 관용적 표현 (6)

ふたを する : 뚜껑을 덮다

ふとんを しく : 이불을 펴다

ふとんを たたむ : 이불을 개다

ふろに 入(はい)る : 목욕을 하다

ぼうしを かぶる : 모자를 쓰다

ぼうしを とる : 모자를 벗다

ボタンを はめる : 단추를 끼우다

ボタンを 外(はず)す : 단추를 풀다

UNIT 39

山田君、久し振りだね

학습 Point **경어표현 (2)**

생생 회화

Track 149

山田: 小川先生、ようこそ いらっしゃいました。

小川: やあ、山田君 久し振りだね。

山田: 先生、その 後 お元気でしたか。実は 空港まで お迎えに 参る つもりでしたが、到着時間が 分かりませんでしたので 失礼いたしました。

小川: いや、飛行機が 遅れてね。

山田: 空港から リムジンバスで おいでに なったのですか。

小川: うん、リムジンバスで 来たのだが、道が 込んで いて 遅く なって しまったよ。

새로 나온 어구

- ようこそ 잘, 참 잘
- いらっしゃる 계시다, 가시다, 오시다
- やあ 야~
- ~君(くん) ~군
- 久(ひさ)し振(ぶ)り 오래간만
- その 後(ご) 그 동안
- 実(じつ)は 실은
- 参(まい)る 가다, 오다
- いたす 하다. 「する」의 겸양어
- リムジンバス 리무진버스
- おいで 계심, 가심, 오심
- おいでに なる 계시다, 가시다, 오시다
- うん 응

확실하게 이해하는 문법 이야기

1 경어동사(존경)

동사 그 자체에 '존경' 또는 '겸양'의 뜻을 가지고 있는 동사를 '경어동사'라고 하며, 존경의 경어동사에는 다음과 같은 것들이 있습니다.

예 いらっしゃる 가시다 · 오시다 · 계시다 : **行く**(가다) · **来る**(오다) · **いる**(있다)의 존경어

おっしゃる 말씀하시다 : **言う**(말하다)의 존경어

なさる 하시다 : **する**(하다)의 존경어

下さる 주시다 : **くれる**(주다)의 존경어

召し上がる 드시다 : **食べる**(먹다) · **飲む**(마시다)의 존경어

2 경어동사(겸양)

겸양의 경어동사에는 다음과 같은 것들이 있습니다.

예 参る 가다 · 오다 : **行く**(가다) · **来る**(오다)의 겸양어

おる 있다 : **いる**(있다)의 겸양어

申す 말하다 : **言う**(말하다)의 겸양어

いたす 하다 : **する**(하다)의 겸양어

いただく 들다 · 받다 : **食べる**(먹다) · **飲む**(마시다) · **もらう**(받다)의 겸양어

3 존경의 정도

지금까지 배운 존경표현 중에서 예를 들어 동사 「帰る」의 경우, 일반적으로 「帰られますか」→「お帰りですか」→「お帰りに なりますか」의 순으로 존경의 정도가 높아집니다.
즉 「동사+れる·られる」→「お+동사의 ます형+ですか」→「お+동사의 ます형+に なる」의 순입니다.

튼튼 문형 만들기

Track 150

1 今日(きょう) 小川先生(おがわせんせい)が [お見(み)えに / お越(こ)しに] なりました。

2 私(わたし)は [山田(やまだ)と 申(もう)し / ここに おり] ます。

3 その 場所(ばしょ)まで 私が ご案内(あんない) [いたします。 / 申(もう)し上(あ)げます。]

4 [道に 迷(まよ)って / 道を 間違(まちが)えて] 遅(おそ)く なって しまったよ。

새로 나온 어구

□ 見(み)える 보이다, 오시다　□ お越(こ)し 가심, 오심　□ 申(もう)す 말하다　□ おる 있다. 「いる」의 겸양어
□ 場所(ばしょ) 장소　□ 申し上げる 말하다, 하다　□ 迷(まよ)う 헤매다, 헷갈리다　□ 道に 迷う 길을 헤매다, 길을 잃다
□ 間違(まちが)える 잘못하다　□ 道を 間違える 길을 잘못 들다

○ 문형으로 말하기

Track 151

A：空港まで お迎えに いらっしゃいましたか。

B：いいえ、空港までは 参りませんでした。

A：失礼ですが、お名前は 何ですか。

B：私は 山田と 申します。

A：空港から タクシーで おいでに なりましたか。

B：うん、でも 道を 間違えて 遅く なったよ。

생생 듣기 연습

Track 152

※ 녹음된 일본어를 듣고 다음 ______ 부분을 완성해 보세요.

1. 小川先生、______________________。
2. 先生、______________ お元気でしたか。
3. 空港まで ______________________ つもりでした。
4. 到着時間が 分かりませんでしたので ______________________。
5. ______________________ 遅く なって しまったよ。

실력 꾹!꾹! 다지기

1. 다음 경어동사에서 존경의 뜻을 가진 것에는 (존), 겸양의 뜻을 가진 것에는 (겸)으로 나타내세요.

① 参る (   )　　② 下さる (   )

③ 申す (   )　　④ いたす (   )

⑤ 見える (   )　　⑥ いらっしゃる (   )

2. 다음을 한자는 ひらがな로, ひらがな는 한자로 옮기세요.

① とうちゃく (   )　　② 割引券 (   )

③ ばしょ (   )　　④ 飛行機 (   )

⑤ くうこう (   )　　⑥ 商品券 (   )

3. 다음 일본어를 우리말로 옮기세요.

① 今日 小川先生が お見えに なりました。

→ ______________________________

② その 場所まで 私が ご案内いたします。

→ ______________________________

③ 道に 迷って 遅く なって しまいました。

→ ______________________________

4. 다음 우리말을 일본어로 옮기세요.

① 여러분, 한국에 참 잘 오셨습니다.

→ ____________________

② 야~, 山田 군 정말 오래간만이군.

→ ____________________

③ 공항에서 버스로 오신 것입니까?

→ ____________________

꼭! 꼭! 외워 두기

⊙ **관용적 표현 (7)**

水(みず)を かける : 물을 뿌리다

目(め)を 覚(さ)ます : 잠을 깨다

めがねを 外(はず)す : 안경을 벗다

夢(ゆめ)を 見(み)る : 꿈을 꾸다

店(みせ)に 寄(よ)る : 가게에 들르다

めがねを かける : 안경을 끼다

メモを とる : 메모를 하다

例(れい)を 挙(あ)げる : 예를 들다

○ UNIT40. 실력 테스트(2)

1. 다음 중 단어의 뜻이 잘못 연결된 것은?

① もちだす - 가지고 나가다
② こまる - 안 된다
③ おくれる - 늦어지다
④ さわる - 손대다, 만지다

2. 다음 (　　) 안에 들어갈 알맞지 않은 말은?

いいえ、作品に 触っては (　　　　　)。

① いけません　② だめです　③ 困ります　④ いいです

3. 다음 중 한자의 **読みがな**가 잘못된 것은?

① 調子(じょうし)　② 寒気(さむけ)
③ 顔色(かおいろ)　④ 技術(ぎじゅつ)

4. 다음 ____친 부분에 들어갈 알맞은 대답은?

A : かぜを 引いたのでは ありませんか。
B : ______________________

① ぐっすり 眠った 方が いいですよ。
② ええ、ゆっくり 休もうと 思って います。
③ 早く 連絡を 取った 方が いいです。
④ ええ、胃の 調子が ちょっと 悪いのです。

5. 다음 (　　) 안에 들어갈 알맞은 말은?

薬は 飲みましたが、(　　　　　) 治りません。

① それでは　② 必ずしも
③ なかなか　④ ゆっくり

6. 다음 중 **送りがな**의 표기가 잘못된 것은?

① あげる → 上げる　② かりる → 借りる
③ ねむる → 眠むる　④ すてる → 捨てる

7. 다음 중 한자의 **読みがな**가 잘못된 것은?

① 用事(ようい)　　② 勉強(べんきょう)
③ 約束(やくそく)　　④ 成績(せいせき)

8. 다음 ___친 부분에 들어갈 알맞은 질문은?

A : ______________________
B : 最近 学校の 成績が 悪いからです。

① 図書館は どうして 学生が 少ないのですか。
② どうして みんな 遊びに でかけましたか。
③ 李さんの 字は どうして 分かりやすいですか。
④ 今日は どうして 勉強ばかり して いますか。

9. 다음 중 단어의 뜻이 잘못 연결된 것은?

① よわい – 약하다　　② おかしい – 심하다
③ まずい – 서투르다　　④ あぶない – 위험하다

10. 다음 중 외래어 표기가 잘못된 것은?

① コピー　　② スピード
③ メンション　　④ アパート

11. 다음 중 **送りがな**의 표기가 잘못된 것은?

① はじめて → 初て　　② わかい → 若い
③ わらう → 笑う　　④ くわしい → 詳しい

12. 다음 ____친 부분에 들어갈 알맞은 말은?

A : 森田さんが あした 結婚するそうです。
B : ______________________

① 森田さんの 字は きれいだそうです。
② はい、森田さんは 弁護士だそうです。
③ 私も びっくりして いる ところです。
④ あした 見舞いに 行って みましょう。

13. 다음 중 어구의 뜻이 잘못된 것은?

① かばんを 持つ – 가방을 들다　　② 薬を 食べる – 약을 먹다
③ 火が 消える – 불이 꺼지다　　④ ごみを 捨てる – 쓰레기를 버리다

14. 다음 「**そうだ**」의 용법 중 '전문'을 나타내는 것은?

① この きれいな もち、おいしそうです。
② もう すぐ 火が 消えそうですね。
③ これ 以上 食べると、太りそうです。
④ それは あまり 大切では ないそうです。

15. 다음 중 한자의 **読みがな**가 잘못된 것은?

① 競馬(けいば)　② 散歩(さんぽう)　③ 読書(どくしょ)　④ 見物(けんぶつ)

16. 다음 ____친 부분에 들어갈 알맞은 말은?

A : ________________________
B : 電灯を つけた まま 寝て しまったのです。

① きのう お酒に 酔って いたようですね。
② 朴さんは 散歩を する ことは ありませんか。
③ あまり 不規則な 生活は よく ないでしょう。
④ ゆうべは 遅くまで 起きて いたようですね。

17. 다음 중 어법상 틀린 곳이 있는 것은?

① 先週から にわか雨が よく 降りますね。
② どうも かぜが 引いたらしいです。
③ このごろは 寂しくて たまりません。
④ 私は もう しばらく 残って います。

18. 다음 (　　) 안에 들어갈 알맞은 말을 차례로 배열한 것은?

天気予報(　　) よる(　　)、あした(　　) 雨だそうです。

① で - と - は　② で - は - も　③ に - の - は　④ に - と - も

19. 다음 중 한자의 **読みがな**가 잘못된 것은?

① 正面(せいめん)　② 右側(みぎがわ)
③ 品質(ひんしつ)　④ 貿易(ぼうえき)

20. 다음을 한국어로 바르게 옮긴 것은?

品質が よければ 高くても 買います。

① 품질이 좋으면 비싸게 팔겠습니다.
② 품질이 같다면 비싸도 사겠습니다.
③ 품질이 좋으면 비싸도 사겠습니다.
④ 품질이 같다면 비싸게 팔겠습니다.

21. 다음 중 어법상 틀린 곳이 있는 것은?

① ちょっと 生ビールが 飲みたいです。
② 夜景の いい 東京タワーなら 行きたいです。
③ 生ビールが 飲むなら、あの 店が いいです。
④ 台風が 来たら 行くのを 止めましょう。

22. 다음 중 한자의 **読みがな**가 잘못된 것은?

① 費用(ひよう)　② 景色(けしょく)
③ 夜景(やけい)　④ 台風(たいふう)

23. 다음 ( ) 안에 들어갈 알맞은 말을 차례로 배열한 것은?

合格(　　　) お祝い(　　　) お姉さん(　　　) 何か 上げましたか。

① の - で - に　② を - に - が　③ の - に - に　④ を - で - が

24. 다음 ＿＿친 부분에 들어갈 알맞은 대답은?

A：金さんの 誕生日に、奥さんは 何か 下さいましたか。
B：＿＿＿＿＿＿＿＿＿＿＿＿＿＿＿＿

① 私に フランス製の ワインを くれました。
② はい、私に ばらの 花を 上げました。
③ 私は きれいな 時計を 下さいました。
④ はい、私に きれいな 花を やりました。

25. 다음 중 한자의 **読みがな**가 잘못된 것은?

① 入学式(にゅうがくしき)　② 誕生日(たんじょうび)
③ 卒業式(そつぎょうしき)　④ 案内状(あんないしょう)

26. 다음 중 **送りがな**의 표기가 잘못된 것은?

① てつだう → 手伝う　② たすける → 助ける
③ あぶない → 危ない　④ やわらかい → 柔かい

27. 다음 중 어구의 뜻이 잘못된 것은?

① 席を 取られる – 자리를 빼앗기다　② 足を 踏まれる – 발을 밟히다
③ 友達に だまされる – 친구를 속이다　④ 父に ほめられる – 아버지께 칭찬 받다

28. 다음 (　　) 안에 들어갈 알맞은 말은?

試験の 成績が (　　)ので ほめられました。

① わるかった　② よかった　③ おかしかった　④ まずかった

29. 다음 중 동사의 수동형이 아닌 것은?

① しかられる　② わすれる　③ おされる　④ ぬすまれる

30. 다음을 한국어로 바르게 옮긴 것은?

地下鉄の 中で ドアに はさまれました。

① 지하철 안에서 문에 기대었습니다.
② 지하철 안에서 문을 만졌습니다.
③ 지하철 안에서 문을 두드렸습니다.
④ 지하철 안에서 문에 끼이었습니다.

31. 다음 중 동사의 사역형은?

① 見る　② 見える　③ 見せる　④ 見させる

32. 다음을 한국어로 바르게 옮긴 것은?

あしや こしを つよく させる ためです。

① 다리랑 허리를 부드럽게 하기 위함입니다.
② 다리랑 가슴을 강하게 하기 위함입니다.
③ 다리랑 허리를 강하게 하기 위함입니다.
④ 다리랑 가슴을 부드럽게 하기 위함입니다.

33. 다음 (　　) 안에 들어갈 알맞은 말을 차례로 배열한 것은?

まず 学生(　　) 正確(　　) 発音(　　) 聞かせます。

① に - な - を　② は - に - を　③ に - に - が　④ は - な - が

34. 다음 중 한자의 **読みがな**가 잘못된 것은?

① 定期券(ていきけん)　② 美術室(みじゅつしつ)
③ 教科書(きょうかしょ)　④ 音楽室(おんがくしつ)

35. 다음 중 '존경'의 의미가 들어있지 않은 것은?

① 今日は 何時ごろ お着きに なりますか。
② 時間が ありますから、私が ご紹介します。
③ 石井さんは 割引券を お持ちですか。
④ バスに 乗られる 度に きっぷを 買いますか。

36. 다음 중 어구의 뜻이 잘못된 것은?

① お茶を 入れる – 차를 끓이다　② 例を 挙げる – 예를 참고하다
③ 意味を 調べる – 의미를 찾다　④ 車が 故障する – 차가 고장 나다

37. 다음 중 '겸양'의 의미가 들어있는 것은?

① はい、私が あした お訪ねします。
② 八時ごろ 帰ろうと 思って います。
③ いいえ、定期券を 持って いません。
④ 今日 何時ごろ お宅へ お帰りですか。

38. 다음 경어동사 중 '존경'의 뜻을 가지고 있는 것은?

① 参る　② 申す　③ いたす　④ 下さる

39. 다음 중 '오시다'의 의미가 들어있지 않은 것은?

① お越しになる　② いらっしゃる
③ お乗りになる　④ おいでになる

40. 다음 ____친 부분에 들어갈 알맞은 질문은?

A : ______________________
B : いいえ、空港までは 参りませんでした。

① 空港から バスで おいでに なりましたか。
② 道を 間違えて 本当に 大変でしたか。
③ 空港まで お迎えに いらっしゃいましたか。
④ 道に 迷って 遅く なって しまいましたか。

부록(1) 한국 한자 일본 한자 쉽게 익히기

한국

釋 음(音) 석
예 釋放 : 석방

일본

釈 음(音) しゃく
예 釈放 : しゃくほう

壽 음(音) 수
예 壽命 : 수명

寿 음(音) じゅ
예 寿命 : じゅみょう

收 음(音) 수
예 收入 : 수입

収 음(音) しゅう
예 収入 : しゅうにゅう

臭 음(音) 취
예 惡臭 : 악취

臭 음(音) しゅう
예 悪臭 : あくしゅう

從 음(音) 종
예 從事 : 종사

従 음(音) じゅう
예 従事 : じゅうじ

獸 음(音) 수
예 猛獸 : 맹수

獣 음(音) じゅう
예 猛獣 : もうじゅう

縱 음(音) 종
예 縱橫 : 종횡

縦 음(音) じゅう
예 縦横 : じゅうおう

肅 음(音) 숙
예 肅清 : 숙청

粛 음(音) しゅく
예 粛清 : しゅくせい

한국

일본

處 음(音) 처
예 處置 : 처치

処 음(音) しょ
예 処置 : しょち

暑 음(音) 서
예 避暑 : 피서

暑 음(音) しょ
예 避暑 : ひしょ

諸 음(音) 제
예 諸君 : 제군

諸 음(音) しょ
예 諸君 : しょくん

敍 음(音) 서
예 敍述 : 서술

叙 음(音) じょ
예 叙述 : じょじゅつ

將 음(音) 장
예 將來 : 장래

将 음(音) しょう
예 将来 : しょうらい

稱 음(音) 칭
예 名稱 : 명칭

称 음(音) しょう
예 名称 : めいしょう

涉 음(音) 섭
예 干涉 : 간섭

渉 음(音) しょう
예 干渉 : かんしょう

燒 음(音) 소
예 燃燒 : 연소

焼 음(音) しょう
예 燃焼 : ねんしょう

證 음(音) 증
예 證明 : 증명

証 음(音) しょう
예 証明 : しょうめい

獎 음(音) 장
예 獎學 : 장학

奨 음(音) しょう
예 奨学 : しょうがく

한국

일본

條
음(音) 조
예 條件 : 조건

条
음(音) じょう
예 条件 : じょうけん

牀
음(音) 상
예 牀態 : 상태

状
음(音) じょう
예 状態 : じょうたい

乘
음(音) 승
예 乘車 : 승차

乗
음(音) じょう
예 乗車 : じょうしゃ

淨
음(音) 정
예 淨化 : 정화

浄
음(音) じょう
예 浄化 : じょうか

疊
음(音) 첩
예 疊語 : 첩어

畳
음(音) じょう
예 畳語 : じょうご

壤
음(音) 양
예 土壤 : 토양

壌
음(音) じょう
예 土壌 : どじょう

讓
음(音) 양
예 讓步 : 양보

譲
음(音) じょう
예 譲歩 : じょうほ

觸
음(音) 촉
예 接觸 : 접촉

触
음(音) しょく
예 接触 : せっしょく

囑
음(音) 촉
예 委囑 : 위촉

嘱
음(音) しょく
예 委嘱 : いしょく

眞
음(音) 진
예 眞理 : 진리

真
음(音) しん
예 真理 : しんり

한국	寢	음(音) 침	예 寢室 : 침실
일본	寝	음(音) しん	예 寝室 : しんしつ

盡	음(音) 진	예 盡力 : 진력
尽	음(音) じん	예 尽力 : じんりょく

圖	음(音) 도	예 圖案 : 도안
図	음(音) ず	예 図案 : ずあん

粹	음(音) 수	예 純粹 : 순수
粋	음(音) すい	예 純粋 : じゅんすい

數	음(音) 수	예 數學 : 수학
数	음(音) すう	예 数学 : すうがく

聲	음(音) 성	예 音聲 : 음성
声	음(音) せい	예 音声 : おんせい

靜	음(音) 정	예 靜肅 : 정숙
静	음(音) せい	예 静粛 : せいしゅく

攝	음(音) 섭	예 攝理 : 섭리
摂	음(音) せつ	예 摂理 : せつり

專	음(音) 전	예 專門 : 전문
専	음(音) せん	예 専門 : せんもん

戰	음(音) 전	예 戰爭 : 전쟁
戦	음(音) せん	예 戦争 : せんそう

한국

錢

음(音) 전

예 金錢 : 금전

일본

銭

음(音) せん

예 金銭 : きんせん

纖

음(音) 섬

예 纖維 : 섬유

繊

음(音) せん

예 繊維 : せんい

雙

음(音) 쌍

예 雙方 : 쌍방

双

음(音) そう

예 双方 : そうほう

壯

음(音) 장

예 壯大 : 장대

壮

음(音) そう

예 壮大 : そうだい

爭

음(音) 쟁

예 爭議 : 쟁의

争

음(音) そう

예 争議 : そうぎ

總

음(音) 총

예 總長 : 총장

総

음(音) そう

예 総長 : そうちょう

增

음(音) 증

예 增加 : 증가

増

음(音) ぞう

예 増加 : ぞうか

卽

음(音) 즉

예 卽席 : 즉석

即

음(音) そく

예 即席 : そくせき

屬

음(音) 속

예 金屬 : 금속

属

음(音) ぞく

예 金属 : きんぞく

續

음(音) 속

예 繼續 : 계속

続

음(音) ぞく

예 継続 : けいぞく

한국

일본

한자	음(音)	예
對	대	反對 : 반대
対	たい	反対 : はんたい
體	체	體育 : 체육
体	たい	体育 : たいいく
帶	대	連帶 : 연대
帯	たい	連帯 : れんたい
臺	대	燈臺 : 등대
台	だい	灯台 : とうだい
擇	택	選擇 : 선택
択	たく	選択 : せんたく
擔	담	擔當 : 담당
担	たん	担當 : たんとう
單	단	單獨 : 단독
単	たん	単独 : たんどく
膽	담	大膽 : 대담
胆	たん	大胆 : だいたん
團	단	團體 : 단체
団	だん	団体 : だんたい
斷	단	斷絕 : 단절
断	だん	断絶 : だんぜつ

한국

일본

遲 음(音) 지
예 遲延 : 지연

遅 음(音) ち
예 遅延 : ちえん

蟲 음(音) 충
예 害蟲 : 해충

虫 음(音) ちゅう
예 害虫 : がいちゅう

晝 음(音) 주
예 晝夜 : 주야

昼 음(音) ちゅう
예 昼夜 : ちゅうや

廳 음(音) 청
예 官廳 : 관청

庁 음(音) ちょう
예 官庁 : かんちょう

鐵 음(音) 철
예 鐵道 : 철도

鉄 음(音) てつ
예 鉄道 : てつどう

點 음(音) 점
예 點數 : 점수

点 음(音) てん
예 点数 : てんすう

轉 음(音) 전
예 運轉 : 운전

転 음(音) てん
예 運転 : うんてん

傳 음(音) 전
예 傳統 : 전통

伝 음(音) でん
예 伝統 : でんとう

燈 음(音) 등
예 電燈 : 전등

灯 음(音) とう
예 電灯 : でんとう

當 음(音) 당
예 當然 : 당연

当 음(音) とう
예 当然 : とうぜん

한국

黨
음(音) 당
예 政黨 : 정당

일본

党
음(音) とう
예 政党 : せいとう

德
음(音) 덕
예 道德 : 도덕

徳
음(音) とく
예 道徳 : どうとく

獨
음(音) 독
예 獨立 : 독립

独
음(音) どく
예 独立 : どくりつ

讀
음(音) 독
예 讀書 : 독서

読
음(音) どく
예 読書 : どくしょ

腦
음(音) 뇌
예 頭腦 : 두뇌

脳
음(音) のう
예 頭脳 : ずのう

拜
음(音) 배
예 崇拜 : 숭배

拝
음(音) はい
예 崇拝 : すうはい

賣
음(音) 매
예 賣買 : 매매

売
음(音) ばい
예 売買 : ばいばい

發
음(音) 발
예 發明 : 발명

発
음(音) はつ
예 発明 : はつめい

蠻
음(音) 만
예 野蠻 : 야만

蛮
음(音) ばん
예 野蛮 : やばん

佛
음(音) 불
예 佛像 : 불상

仏
음(音) ぶつ
예 仏像 : ぶつぞう

한국

竝 음(音) 병
예 竝行 : 병행

일본

並 음(音) へい
예 並行 : へいこう

邊 음(音) 변
예 周邊 : 주변

辺 음(音) へん
예 周辺 : しゅうへん

變 음(音) 변
예 變化 : 변화

変 음(音) へん
예 変化 : へんか

辯 음(音) 변
예 辯護 : 변호

弁 음(音) べん
예 弁護 : べんご

寶 음(音) 보
예 寶石 : 보석

宝 음(音) ほう
예 宝石 : ほうせき

豐 음(音) 풍
예 豐富 : 풍부

豊 음(音) ほう
예 豊富 : ほうふ

飜 음(音) 번
예 飜譯 : 번역

翻 음(音) ほん
예 翻訳 : ほんやく

每 음(音) 매
예 每日 : 매일

毎 음(音) まい
예 毎日 : まいにち

萬 음(音) 만
예 萬一 : 만일

万 음(音) まん
예 万一 : まんいち

滿 음(音) 만
예 滿足 : 만족

満 음(音) まん
예 満足 : まんぞく

한국

일본

默 음(音) 묵
예 沈默 : 침묵

黙 음(音) もく
예 沈黙 : ちんもく

譯 음(音) 역
예 通譯 : 통역

訳 음(音) やく
예 通訳 : つうやく

藥 음(音) 약
예 火藥 : 화약

薬 음(音) やく
예 火薬 : かやく

與 음(音) 여
예 與黨 : 여당

与 음(音) よ
예 与党 : よとう

豫 음(音) 예
예 豫定 : 예정

予 음(音) よ
예 予定 : よてい

餘 음(音) 여
예 餘地 : 여지

余 음(音) よ
예 余地 : よち

譽 음(音) 예
예 名譽 : 명예

誉 음(音) よ
예 名誉 : めいよ

樣 음(音) 양
예 樣式 : 양식

様 음(音) よう
예 様式 : ようしき

謠 음(音) 요
예 民謠 : 민요

謡 음(音) よう
예 民謡 : みんよう

來 음(音) 래
예 來年 : 내년

来 음(音) らい
예 来年 : らいねん

한국

賴
음(音) 뢰
예 依賴 : 의뢰

일본

頼
음(音) らい
예 依頼 : いらい

亂
음(音) 란
예 混亂 : 혼란

乱
음(音) らん
예 混乱 : こんらん

覽
음(音) 람
예 觀覽 : 관람

覧
음(音) らん
예 観覧 : かんらん

龍
음(音) 룡
예 龍顔 : 용안

竜
음(音) りゅう
예 竜顔 : りゅうがん

兩
음(音) 량
예 兩立 : 양립

両
음(音) りょう
예 両立 : りょうりつ

禮
음(音) 례
예 禮儀 : 예의

礼
음(音) れい
예 礼儀 : れいぎ

勵
음(音) 려
예 奬勵 : 장려

励
음(音) れい
예 奨励 : しょうれい

靈
음(音) 령
예 靈魂 : 영혼

霊
음(音) れい
예 霊魂 : れいこん

歷
음(音) 력
예 歷史 : 역사

歴
음(音) れき
예 歴史 : れきし

戀
음(音) 연
예 戀愛 : 연애

恋
음(音) れん
예 恋愛 : れんあい

한국

練 음(音) 련
예 練習 : 연습

일본

練 음(音) れん
예 練習 : れんしゅう

爐 음(音) 로
예 煖爐 : 난로

炉 음(音) ろ
예 暖炉 : だんろ

勞 음(音) 로
예 勞務 : 노무

労 음(音) ろう
예 労務 : ろうむ

樓 음(音) 루
예 樓閣 : 누각

楼 음(音) ろう
예 楼閣 : ろうかく

錄 음(音) 록
예 記錄 : 기록

録 음(音) ろく
예 記録 : きろく

灣 음(音) 만
예 港灣 : 항만

湾 음(音) わん
예 港湾 : こうわん

부록(2) 해석 및 해답

UNIT01 | 歩いて 十五分ぐらい かかります

▸▸ 생생 회화

다나카: 이시카와 씨의 집에서 우에노 역까지 걸어서 몇 분쯤 걸립니까?

이시카와: 걸어서 15분쯤 걸립니다.

다나카: 버스로는 몇 분쯤 걸립니까?

이시카와: 버스로는 5분밖에 걸리지 않습니다.

다나카: 이시카와 씨는 어제 무엇을 했습니까?

이시카와: 저는 어제 시부야에 갔습니다.

다나카: 시부야에 가서 무엇을 했습니까?

이시카와: 친구를 만나서 쇼핑을 했습니다. 그리고 커피숍에 들어가서 커피를 마셨습니다.

▸▸ 확실하게 이해하는 문법이야기

2 선생님을 만났습니다.
친구와 만났습니다.

▸▸ 생생 듣기 연습

① 歩いて　② 五分しか
③ 何を しましたか　④ 買い物を しました
⑤ コーヒーショップに 入って

▸▸ 실력 꾹! 꾹! 다지기

1. ① 会って　② 行って　③ 入って
④ 飲んで　⑤ 借りて　⑥ 貸して

2. ① コーヒー　② バス　③ テニス
④ タクシー　⑤ コーラ　⑥ サイダ

3. ① 오토바이로는 몇 분쯤 걸립니까?
② 비행기로는 1시간 반밖에 걸리지 않습니다.
③ 커피숍에 들어가서 사이다를 마셨습니다.

4. ① 歩いて どのくらい かかりますか。
② 友達に 会って、漫画を 借りました。
③ 渋谷へ 行って、買い物を しました。

UNIT02 | 食べてから、何を しますか

▸▸ 생생 회화

마에다 : 기시 씨, 일은 몇 시에 시작되어 몇 시에 끝납니까?

기시 : 오전 9시에 시작되어 오후 6시에 끝납니다.

마에다 : 몇 시쯤 사무실을 나와 집으로 돌아갑니까?

기시 : 대개 6시 반쯤입니다.

마에다 : 집으로 돌아가서 무엇을 합니까?

기시 : 조금 쉬고 저녁을 먹습니다.

마에다 : 저녁을 먹고 나서 무엇을 합니까?

기시 : 텔레비전의 뉴스를 보고 인터넷을 합니다. 그리고 목욕을 하고 11시쯤 잡니다.

▸▸ 확실하게 이해하는 문법이야기

1 보고 나서 / 듣고 나서

2 돈 / 술 / 밥 / 아침 밥

4 샤워를 하다.
이를 닦다.
사전을 찾다.
일기를 쓰다

▸▸ 생생 듣기 연습

① 始まって　② 事務室を 出て
③ 六時半ごろです　④ 晩ご飯を 食べてから
⑤ テレビの ニュースを 見て

▸▸ 실력 꾹! 꾹! 다지기

1. ① えいぎょう　② おんがく　③ じっしゅう
④ じしょ　⑤ べんきょう　⑥ そうじ

2. ① お風呂に 入る　② 辞書を 引く
③ 日記を つける

3. ① 실습은 2시에 시작되어 10시에 끝납니다.
② 대개 6시 반쯤 사무실을 나옵니다.

③ 단어를 찾아 일본어를 공부합니다.

4. ① 仕事は 午後 二時に 始まります。
   ② うちへ 帰って、お風呂に 入ります。
   ③ 日記を つけてから、音楽を 聞きます。

UNIT03 | 教えて 下さい

▸▸ 생생 회화

야마나카: 어디에 무엇을 씁니까? 가르쳐 주십시오.
은행원: 제일 위에 당신의 이름과 주소를 써 주십시오. 그 다음 그 아래에 전화번호도 써 주십시오. 그리고 제일 아래에 사인을 해 주십시오. 글씨는 깨끗이 써 주십시오.
야마나카: 예, 알았습니다. 이것으로 좋습니까?
은행원: 잠깐 보여 주십시오. 이것으로 좋습니다. 그러면 이것을 3번 창구로 갖고 가십시오.

▸▸ 확실하게 이해하는 문법이야기

1 아침 6시에 일어나십시오.
  글씨를 깨끗이 써 주세요.
2 1등으로 졸업했습니다.
  제일 추운 곳입니다.
3 깨끗하게 되다.
  조용히 하다.
4 신문을 읽었습니다. 그리고 음악을 들었습니다.

▸▸ 생생 듣기 연습

① 住所　② 電話番号
③ サインを して　④ きれいに 書いて 下さい
⑤ ちょっと 見せて 下さい

▸▸ 실력 꾹! 꾹! 다지기

1. ① 書く　② 教える　③ 見せる
   ④ 持つ　⑤ 座る　⑥ 払う

2. ① いちばん　② 名前　③ じゅうしょ
   ④ 窓口　⑤ ひづけ　⑥ 意見

3. ① 제일 위에 이름과 주소를 써 주십시오.
   ② 제일 밑에는 당신의 사진을 붙여 주십시오.
   ③ 그러면 3번 창구로 갖고 가십시오.

4. ① あなたの 誕生日を 書いて 下さい。
   ② ここに 写真を 張って 下さい。
   ③ それでは 金を 払って 来て 下さい。

UNIT04 | 忘れないで 下さい

▸▸ 생생 회화

선생님: 임 씨는 서 씨와 지금 한국어로 무엇을 이야기했습니까? 교실에서는 한국어를 사용하지 마십시오.
임: 예, 죄송합니다.
선생님: 여러분, 숙제를 갖고 왔습니까?
학생: 예, 갖고 왔습니다.
임: 선생님, 죄송합니다. 저는 잊어버렸습니다. 내일까지 기다려 주시지 않겠습니까?
선생님: 예, 좋습니다. 내일은 잊지 마십시오.
임: 예, 내일은 반드시 갖고 오겠습니다.

▸▸ 확실하게 이해하는 문법이야기

2 보시 마세요.
  가지 마십시오.
3 와 주십시오.
  와 주십니다.

▸▸ 생생 듣기 연습

① 韓国語　② 使わないで
③ 持って 来ましたか　④ 先生、すみません
⑤ あしたは 忘れないで 下さい

▸▸ 실력 꾹! 꾹! 다지기

1. ① 使わないで　② しないで
   ③ 忘れないで　④ 来ないで
   ⑤ 見ないで　⑥ 歌わないで

2. ① 숙제　② 실내　③ 먹을 것, 음식
   ④ 반드시　⑤ 여러분　⑥ 마실 것, 음료

3. ① 실내에서는 사진을 찍지 마십시오.
   ② 내일까지 기다려 주시지 않겠습니까?
   ③ 여기에서는 마실 것을 마시지 마십시오.

4. ① フランス語で 何を 話しましたか。

② 室内では 歌を 歌わないで 下さい。

③ 皆さん、あしたは 必ず 持って 来て 下さい。

UNIT05 | こんにちは」と 言います

▸▸ 생생 회화

임: 일본에서는 아침에 뭐라고 하며 인사를 합니까?

다나카: 「おはよう ございます」라고 하며 인사를 합니다.

임: 어떠한 때에 「こんにちは」라고 합니까?

다나카: 낮에 사람과 만났을 때에 「こんにちは」라고 하며 인사를 합니다.

임: 그러면 어떠한 때에 「こんばんは」라고 합니까?

다나카: 밤에 사람과 만났을 때에 「こんばんは」라고 하며 인사를 합니다.

▸▸ 확실하게 이해하는 문법이야기

1 저는 山田라고 합니다.
이 글자는 뭐라고 읽습니까?

2 안녕하십니까? (낮 인사)
안녕하십니까? (저녁 인사)

3 친구를 만났다.
친구를 만났을 때

▸▸ 생생 듣기 연습

① あいさつ ②「おはよう ございます」
③「こんにちは」 ④ 人と 会った
⑤「こんばんは」と 言いますか

▸▸ 실력 꾹! 꾹! 다지기

1. ① おはよう ございます。
② お休みなさい。 ③ さようなら。

2. ① あいさつを する ② 声を かける
③ お礼を 言う

3. ① 낮에 뭐라고 하며 인사를 합니까?
② 일본에서는 뭐라고 하며 감사의 말을 합니까?
③ 사람과 헤어질 때에 「さようなら」라고 합니다.

4. ①「おはよう」と 言って、あいさつを します。
②「すみません」と 言って、声を かけます。
③ こんな 時に 「お休みなさい」と 言います。

UNIT06 | 何を して いますか

▸▸ 생생 회화

이시카와: 가토 씨는 이미 회사에 와 있습니까?

다나카: 예, 가토 씨는 이미 와 있습니다. 아까 휴게실에서 커피를 마시고 있었습니다.

이시카와: 야마구치 씨는 지금 무엇을 하고 있습니까?

다나카 : 야마구치 씨는 누군가와 이야기를 하고 있습니다.

이시카와: 야마구치 씨와 이야기를 하고 있는 사람은 누구입니까?

다나카: 누구인지 잘 모릅니다.

이시카와: 저기에서 전화를 걸고 있는 사람은 누구입니까?

다나카: 저 사람은 기획실의 하라다 씨입니다.

▸▸ 확실하게 이해하는 문법이야기

1 교실에 학생이 있다.
사과를 먹고 있다.

2 비가 내리고 있다.
꽃이 피어 있다.
吉田 씨는 살쪘다.

3 내 이야기를 알겠습니까?
이름을 알고 있습니까?

▸▸ 생생 듣기 연습

① 会社 ② 休憩室
③ 話を して ④ だれだか よく 知りません
⑤ 電話を かけて いる

▸▸ 실력 꾹! 꾹! 다지기

1. ① 知って いる ② くもって いる
③ 着て いる ④ かけている
⑤ かぶって いる ⑥ しめて いる

2. ① きかくしつ ② 星 ③ じんじぶ
④ 空 ⑤ せいさんか ⑥ 話

3. ① 아까 인사부에서 커피를 마시고 있었습니다.
② 기획실의 야마구치 씨는 모자를 쓰고 있습니다.
③ 넥타이를 매고 있는 사람은 하라다 씨입니다.

4. ① 今日は 星が 光って います。
② だれだか よく 知りません。
③ あの 人は 生産課の 加藤さんです。

UNIT07 | 何が かけて ありますか

▸▸ 생생 회화

선생님: 저기에 무엇이 걸려 있습니까?
다나카: 달력이 걸려 있습니다.
선생님: 창문은 열려 있습니까?
다나카: 아니요, 열려 있지 않습니다. 닫혀 있습니다.
선생님: 전기는 켜져 있습니까?
다나카: 아니요, 켜져 있지 않습니다. 꺼져 있습니다.
선생님: 책상 위에 뭔가 놓여 있습니까?
다나카: 예, 놓여 있습니다.
선생님: 무엇이 놓여 있습니까?
다나카: 컴퓨터가 놓여 있습니다.

▸▸ 확실하게 이해하는 문법이야기

3 불을 붙이다.
전기를 켜다.
일기를 쓰다.
맛을 내다.
주의를 하다.
값을 매기다.

▸▸ 생생 듣기 연습

① カレンダー ② 閉めて あります
③ つけて ありません ④ つくえの 上に
⑤ コンピューターが 置いて あります

▸▸ 실력 꾹! 꾹! 다지기

1. ① 開けて ある ② つけて ある
③ 消して ある ④ 置いて ある
⑤ 並べて ある ⑥ 飾って ある

2. ① カレンダー ② コート
③ コップ ④ シャツ
⑤ グラス ⑥ コンピューター

3. ① 예, 벽에는 그림이 걸려 있습니다.
② 아니오, 라디오는 켜져 있지 않습니다.
③ 책상 위에 글라스가 놓여 있습니다.

4. ① かべに 花が 飾って あります。
② そこに 本が 並べて ありますか。
③ 電気は つけて ありません。消して あります。

UNIT08 | 私は 旅行が 好きです

▸▸ 생생 회화

요시다: 기무라 씨는 여행을 좋아합니까?
기무라: 예, 저는 여행을 아주 좋아합니다.
요시다: 이미 닛코랑 하코네에 갔습니까?
기무라: 예, 닛코에도 하코네에도 갔습니다.
요시다: 낚시는 어떻습니까? 좋아합니까, 싫어합니까?
기무라: 낚시는 싫어하지는 않습니다만, 좋아하지도 않습니다. 야구는 어떻습니까?
요시다: 보는 것은 좋아합니다만, 하는 것은 그다지 좋아하지 않습니다.

▸▸ 확실하게 이해하는 문법이야기

1 저는 사과를 좋아합니다.
저는 김치를 좋아합니다.
2 저는 김치를 싫어합니다.
저는 생선회를 싫어합니다.
3 김치를 아주 좋아합니다.
생선회를 아주 싫어합니다.
4 좋아하지는 않습니다.
좋아하지도 않습니다.

▸▸ 생생 듣기 연습

① 旅行 ② 行きましたか
③ 好きですか、きらいですか
④ きらいでは ありませんが
⑤ 見るのは 好きですが

▸▸ 실력 꾹! 꾹! 다지기

1. ① 좋아하다 ② 낚시

③ 싫어하다　④ 야구
⑤ 여행　⑥ ①너무 ②그다지

2. ① ラーメン　② うどん　③ おでん
④ さしみ　⑤ キムチ　⑥ そば

3. ① 기무라 씨는 라면을 매우 좋아합니까?
② 메밀국수는 좋아하지도 싫어하지도 않습니다.
③ 볼링은 그다지 좋아하지 않습니다.

4. ① おでんは 好きですか、きらいですか。
② スキーは あまり 好きでは ありません。
③ 私は ラーメンが 大好きです。

UNIT09 | 今 何が ほしいですか

▸▸ 생생 회화

사카이: 한 씨는 지금 무엇을 갖고 싶습니까?
한: 저는 텔레비전을 갖고 싶습니다. 텔레비전을 사서 여러 가지 스포츠 경기를 보고 싶습니다. 사카이 씨는 어떤 것을 갖고 싶습니까?
사카이: 저는 카메라를 갖고 싶습니다. 여행을 할 때 사진을 찍고 싶습니다.
한: 손 씨도 카메라를 갖고 싶습니까?
손: 아니오, 저는 카메라는 그다지 갖고 싶지 않습니다. 지금 제일 갖고 싶은 것은 테니스 라켓입니다.

▸▸ 확실하게 이해하는 문법이야기

1 돈이 필요합니다.
차를 마시고 싶습니다.
피아노를 갖고 싶습니다.

2 가고 싶습니다.
먹고 싶습니다.
가고 싶지 않습니다.
콜라가/를 마시고 싶다.
사과가/를 먹고 싶다.

▸▸ 생생 듣기 연습

① テレビ　② スポーツ
③ 旅行を する　④ ほしく ないです
⑤ 一番 ほしい ものは

▸▸ 실력 꾹! 꾹! 다지기

1. ① 見たい　② 買いたい　③ 撮りたい
④ 習いたい　⑤ 食べたい　⑥ 飲みたい

2. ① ラケット　② ギター
③ スポーツ　④ バイオリン
⑤ サンドイッチ　⑥ ハンバーガー

3. ① 저는 지금 바이올린을 갖고 싶습니다.
② 저는 장기는 배우고 싶지 않습니다.
③ 햄버거는 그다지 먹고 싶지 않습니다.

4. ① 今 カメラが 一番 ほしいです。
② 韓さんは どんな ものが ほしいですか。
③ 旅行を する 時 写真が 撮りたいです。

UNIT10 | 何に なりたいですか

▸▸ 생생 회화

기무라: 후루타 씨는 장래 무엇이 되고 싶습니까?
후루타: 저는 장래 과학자가 되고자 생각하고 있습니다.
기무라: 과학자가 되어 연구소에서 일하고 싶습니까?
후루타: 아니오, 연구소에서는 일하고 싶지 않습니다. 대학의 선생이 될 작정입니다.
기무라: 친구인 나카이 씨는 무엇이 되고 싶어합니까?
후루타: 나카이 씨는 음악가가 되고 싶어합니다.
기무라: 나카이 씨는 피아노를 갖고 싶어합니까?
후루타: 예, 대단히 갖고 싶어합니다.

▸▸ 확실하게 이해하는 문법이야기

1 저는 장래 의사가 되고 싶습니다.
2 내일 돌아갈 작정입니다.
3 古田 씨는 책을 읽고 싶어한다.
4 中井 씨는 피아노를 갖고 싶어한다.

▸▸ 생생 듣기 연습

① 科学者　② 働きたく
③ 大学の 先生　④ なりたがって います
⑤ たいへん ほしがって います

▸▸ 실력 꾹! 꾹! 다지기

1. ① かがくしゃ　② けんきゅうじょ

③ おんがくか　④ せいじか
⑤ きょうじゅ　⑥ がいこうかん

2. ① 장래　② 생각하다
③ 작정　④ 갖고 싶어하다
⑤ 책방　⑥ 반지

3. ① 저는 정치가가 되고 싶다고 생각하고 있습니다.
② 아니오, 빵집에서는 일하고 싶지 않습니다.
③ 후루타 씨는 아나운서가 되고 싶어하고 있습니다.

4. ① あなたは 将来 何に なりたいですか。
② 私は 大学の 教授に なる つもりです。
③ 中井さんは ネックレスを ほしがって います。

UNIT11 | 野菜で 料理を 作ります

▸▸ 생생 회화

이시카와: 후루야마 씨는 지금 부엌에서 무엇을 하고 있습니까?
후루야마: 저는 지금 고기와 야채로 요리를 만들고 있습니다.
이시카와: 매우 좋은 냄새가 나는군요.
후루야마: 맛있을지 어떨지 모르겠습니다. 먹어 보십시오.
이시카와: 무엇으로 맛을 내었습니까?
후루야마: 간장과 소금으로 맛을 내었습니다.
이시카와: 간장이라고 하는 것은 무엇으로 만듭니까?
후루야마: 간장은 콩으로 만듭니다.

▸▸ 확실하게 이해하는 문법이야기

1 밀가루로 빵을 만듭니다.
찹쌀로 떡을 만듭니다.
2 맥주는 보리로 만듭니다.
와인은 포도로 만듭니다.
3 좋은 맛이 난다.
좋은 향기가 난다.
4 내일 갈지 어떨지 모르겠습니다.

▸▸ 생생 듣기 연습

① 料理　② いい におい
③ おいしいか　④ 味を つけました
⑤ しょうゆは 大豆から 作ります

▸▸ 실력 꾹! 꾹! 다지기

1. ① 料理/りょうり　② におい
③ 大豆/だいず　④ 香り/かおり
⑤ にんにく　⑥ とうがらし

2. ① においが する　② 香りが する
③ 味を つける

3. ① 고기와 설탕으로 요리를 만들고 있습니다.
② 된장과 마늘로 맛을 내었습니다.
③ 맥주라고 하는 것은 무엇으로 만듭니까?

4. ① 今 台所で 何を して いますか。
② とても いい 音が しますね。
③ 清酒と さとうで 味を つけました。

UNIT12 | 音楽を 聞きながら 休みました

▸▸ 생생 회화

오: 어제 일요일은 어딘가에 갔습니까?
야마구치: 아니오, 어제는 하루 종일 집에서 음악을 들으면서 쉬었습니다.
오: 일요일은 집에 있는 편이 많습니까?
야마구치: 예, 대개 집에서 책을 읽거나, 텔레비전을 보거나 하고 있습니다. 오 씨는 어떻습니까?
오: 저도 그다지 나가지 않습니다. 일요일은 어디나 혼잡하기 때문에, 집에서 비디오를 보면서 푹 쉬고 있습니다.

▸▸ 확실하게 이해하는 문법이야기

1 텔레비전을 보면서 밥을 먹습니다.
라디오를 들으면서 공부를 합니다.
2 왔다 갔다 한다.
책을 읽기도 하고 텔레비전을 보기도 한다.
3 비싸니까 사지 않습니다.
서울에서 부산까지

▸▸ 생생 듣기 연습

① 一日中　② 日曜日

③ テレビを 見たり　④ あまり でかけません
⑤ ゆっくり 休んで います

▸▸ 실력 꾹! 꾹! 다지기

1. ① 聞いたり　② したり　③ 休んだり
④ 行ったり　⑤ 来たり　⑥ でかけたり

2. ① おんがく　② 昼寝
③ じっけんしつ　④ 伝記
⑤ しりょうしつ　⑥ 小説

3. ① 어제는 소설을 읽으면서 쉬었습니다.
② 전기를 읽거나 라디오를 듣거나 하고 있습니다.
③ 일요일은 어디나 혼잡하기 때문에 집에 있습니다.

4. ① 日曜日は資料室に いる 方が 多いです。
② 詩を 読んだり、音楽を 聞いたり して います。
③ アニメでも 見ながら ゆっくり 休んで います。

UNIT13 | 韓国語の 方が 難しいです

▸▸ 생생 회화

기노시타: 한국어와 일본어에서는 어느 쪽이 어렵습니까?
다나카: 저는 한국어 쪽이 일본어보다 어렵다고 생각합니다. 기노시타 씨는 어떻게 생각합니까?
기노시타: 한국어는 일본어보다 발음도 어렵고, 문법도 어렵다고 생각합니다. 나카가와 씨는 어떻게 생각합니까?
나카가와: 잘 모르겠습니다만, 어느 쪽이나 어렵다고 생각합니다. 한국어를 배우고 있는 사람은 많습니까?
나나카: 최근에 상당히 늘었습니다만, 중국어를 배우고 있는 사람만큼 많지 않습니다.

▸▸ 확실하게 이해하는 문법이야기

1 서울은 부산보다 크다.
서울 쪽이 부산보다 크다.
2 저는 山田라고 합니다.
3 공부도 하고 운동도 합니다.
4 3시간쯤 걸린다.
어제만큼 춥지 않다.

▸▸ 생생 듣기 연습

① 日本語と　② 文法
③ よく 分かりませんが　④人は 多いですか
⑤ 最近 ずいぶん 増えました

▸▸ 실력 꾹! 꾹! 다지기

1. ① と、と、が　② の、より、と
③ も、し、と

2. ① 多い　② 思う　③ 易しい
④ 増える　⑤ 厳しい　⑥ 習う

3. ① 가나 쪽이 한자보다 쉽다고 생각합니다.
② 잘 모르겠습니다만, 최근에 상당히 줄었습니다.
③ 중국어를 배우고 있는 사람만큼 많지 않습니다.

4. ① 日本語と 韓国語とでは どちらが 易しいですか。
② 発音も 難しいし、文字も 難しいです。
③ 木下さんは 中川さんほど 厳しく ないです。

UNIT14 | 登った ことが あります

▸▸ 생생 회화

야마구치: 노무라 씨는 등산을 좋아합니까?
노무라: 예, 저는 등산을 아주 좋아합니다.
야마구치: 높은 산에 올라간 적이 있습니까?
노무라: 예, 올라간 적이 있습니다. 일본의 유명한 산에는 대개 올라갔습니다.
야마구치: 후지산에도 올라간 적이 있습니까?
노무라: 예, 몇 번이나 올라갔습니다.
야마구치: 후지산에는 진귀한 식물이 있습니까?
노무라: 도중에는 진귀한 식물이 있습니다만, 산 위쪽에는 한 그루도 없습니다. 바위뿐입니다.

▸▸ 확실하게 이해하는 문법이야기

2 일본에 간 적이 있다.

한국에 온 적이 있다.
5 일본어만 배운다.
3개쯤 주십시오.

▸▸ 생생 듣기 연습

① 登山　② 高い 山
③ 日本の 有名な　④ 珍しい 植物
⑤ 一本も ありません

▸▸ 실력 꾹! 꾹! 다지기

1. ① とざん　② なんど　③ しょくぶつ
④ とちゅう　⑤ びょうき　⑥ ほうせき

2. ① 올라가다　② 바위　③ 굉장하다
④ 그만두다　⑤ 다침, 부상　⑥ 살다

3. ① 아니오, 저는 낫토를 아주 싫어합니다.
② 한국의 유명한 산에는 대개 올라갔습니다.
③ 예, 회사를 그만둔 적이 있습니다.

4. ① 私は けがを した ことが ありません。
② 珍しい ダイヤが たくさん あります。
③ 山の 上の 方には 岩ばかりです。

UNIT15 | 韓国語が できますか

▸▸ 생생 회화

이케다: 마츠모토 씨는 한국어를 할 수 있습니까?
마츠모토: 예, 저는 한국어를 할 수 있습니다.
이케다: 중국어도 할 수 있습니까?
마츠모토: 중국어는 조금밖에 못합니다. 이케다 씨는 영어를 말할 수 있습니까?
이케다: 예, 말할 수 있습니다.
마츠모토: 그러면 읽을 수도 쓸 수도 있겠군요.
이케다: 예, 대체로 할 수 있습니다.
마츠모토: 사전을 찾지 않고 영어 신문을 읽을 수 있습니까?
이케다: 예, 대체로 읽을 수 있습니다.

▸▸ 확실하게 이해하는 문법이야기

1 영어를 할 수 있다.
볼 수 있다.
3 밥도 먹지 않고

▸▸ 생생 듣기 연습

① 韓国語　② 少ししか
③ 英語を 話す　④ 読む ことも
⑤ 読む ことが できます

▸▸ 실력 꾹! 꾹! 다지기

1. ① 話す　② 引く　③ 受ける
④ 走る　⑤ 泳ぐ　⑥ 覚える

2. ① できる　② 大体　③ 速い
④ 少し　⑤ アラブ語　⑥ 英会話

3. ① 마츠모토 씨는 한국어 통역을 할 수 있습니까?
② 아니오, 저는 빨리 헤엄칠 수가 없습니다.
③ 내일은 시험을 칠 수가 있습니다.

4. ① いいえ、アラブ語は 少ししか できません。
② はい、漢字を 覚える ことが できます。
③ 日本語は 読む ことも 書く ことも できます。

UNIT16 | 日本語が 話せますか

▸▸ 생생 회화

선생님: 스미스 씨는 일본어를 말할 수 있습니까?
스미스: 조금은 말할 수 있습니다만, 아직 능통하게는 말할 수 없습니다.
선생님: 한자를 읽을 수 있습니까?
스미스: 히라가나와 가타가나는 읽을 수 있습니다만, 한자는 조금도 읽을 수 없습니다.
선생님: 일본어로 전화를 걸 수 있습니까?
스미스: 예, 일본어로 전화도 겨우 걸 수 있게 되었습니다. 그러나 때때로 알아들을 수 없는 경우가 있습니다

▸▸ 확실하게 이해하는 문법이야기

1 말하다 → 말할 수 있다
읽다 → 읽을 수 있다
영어를 말할 수 있다.

책을 읽을 수 있다.
보다 → 볼 수 있다
자다 → 잘 수 있다
오다 → 올 수 있다

2 잘 알 수 있도록 가르쳐 주십시오.

▸▸ 생생 듣기 연습

① 日本語 ② 平仮名と片仮名
③ 電話が かけられますか
④ かけられるように なりました
⑤ 聞き取れない ことが あります

▸▸ 실력 꾹! 꾹! 다지기

1. ① 読める ② 起きられる ③ 走れる
④ 覚えられる ⑤ 泳げる ⑥ 来られる

2. ① フランス語 ② ドイツ語
③ スペイン語 ④ ポルトガル語
⑤ アラブ語 ⑥ 中国語

3. ① 스미스 씨는 포르투갈어를 말할 수 있습니까?
② 아니오, 이케다 씨는 빨리 달릴 수 없습니다.
③ 예, 겨우 일어날 수 있게 되었습니다.

4. ① あなたは スペイン語が 話せますか。
② 私は 日本語で 電話が かけられます。
③ はい、ときどき 寝られない ことが あります。

UNIT17 | ハワイへ 行こうと 思います

▸▸ 생생 회화

이케다: 이번 황금연휴는 어떻게 할 작정입니까?
마츠모토: 잠깐 해외여행을 하고자 생각하고 있습니다.
이케다: 어디에 갈 예정입니까?
마츠모토: 미국의 하와이에 가려고 생각하고 있습니다.
이케다: 언제쯤 나갈 작정입니까?
마츠모토: 시험이 끝나고 나서 나가고자 생각하고 있습니다.
이케다: 뉴욕 쪽까지 갈 작정입니까?
마츠모토: 될 수 있는 대로 가 보고자 생각합니다만, 아직 자세한 계획은 세우지 않았습니다.

▸▸ 확실하게 이해하는 문법이야기

2 내일 가겠다.
내일 가겠습니다.
내일 가자.
내일 갑시다.
내일 갈 것이다.
내일 갈 것입니다.

3 아직 결혼하지 않았습니다.

▸▸ 생생 듣기 연습

① 海外旅行 ② アメリカの ハワイ
③ でかける つもりですか ④ 行って みたい
⑤ 細かい 計画は 立てて

▸▸ 실력 꾹! 꾹! 다지기

1. ① けいかく ② 予定 ③ しゅっぱつ
④ 海外 ⑤ とうちゃく ⑥ 作家

2. ① 計画を 立てる ②お金を 返す
③ 試験が 終わる

3. ① 이번 겨울방학은 어떻게 할 작정입니까?
② 될 수 있는 대로 먼저 돌아가려고 생각하고 있습니다.
③ 시험이 끝나고 나서 나가고자 생각합니다.

4. ① 松本さんは いつごろ 出発する 予定ですか。
② 来月 私は ニューヨークへ 行く つもりです。
③ 私は 作家に なろうと 思って います。

UNIT18 | 日本語を 勉強しようと 思います

▸▸ 생생 회화

야마구치: 신 씨는 일본에 가서 무슨 공부를 하려고 생각하고 있습니까?
신: 저는 우선 일본어를 공부하려고 생각하고 있습니다. 그리고 일본의 사회나 문화 공부도 하려고 생각하고 있습니다.
야마구치: 일본어와 일본의 사회나 문화 공부를 해서 어떻게 할 작정입니까?
신: 한국에 돌아와서 일본어 교육이나 통역, 번역

의 일을 하려고 생각하고 있습니다.
야마구치: 그것 참 대단하군요.

▸▸ 확실하게 이해하는 문법이야기

1 일본어를 공부하겠다.
일본어를 공부하겠습니다.
일본어를 공부하자.
일본어를 공부합시다.
일본어를 공부할 것이다.
일본어를 공부할 것입니다.

2 그것은 책입니다.
그것 참 대단하군요.

▸▸ 생생 듣기 연습

① 日本へ 行って ② 勉強しよう
③ 社会や 文化 ④ 翻訳の 仕事
⑤ それは すごいですね

▸▸ 실력 꾹! 꾹! 다지기

1. ① 帰ろう ② しよう ③ 来よう
④ 返そう ⑤ 勤めよう ⑥ ためよう

2. ① しゃかい ② ぶんか ③ きょういく
④ せいじ ⑤ かがく ⑥ にゅうがく

3. ① 저는 은행에 근무하려고 생각하고 있습니다.
② 역사 공부를 해서 어떻게 할 작정입니까?
③ 우선 대학을 졸업하려고 생각하고 있습니다.

4. ① 日本で 何の 勉強を する 予定ですか。
② 日本の 経済を 勉強しようと 思います。
③ 韓国へ 帰って きて、どう する 計画ですか。

UNIT19 | 遊びに 行っても いいですか

▸▸ 생생 회화

하라다: 미우라 씨의 댁으로 놀러 가도 좋습니까?
미우라: 아~, 아무쪼록 오십시오.
하라다: 아내도 가고 싶어 합니다만, 같이 가도 좋겠습니까?
미우라: 아무쪼록 같이 오십시오. 부인이 같이 오신다면 낮 쪽이 좋겠군요.
하라다: 아니오, 밤이라도 괜찮습니다.
미우라: 이번 일요일은 집에 있을 작정이기 때문에 점심 때쯤 오지 않겠습니까?
하라다: 예, 고맙습니다.

▸▸ 확실하게 이해하는 문법이야기

1 집으로 돌아가도 좋다.
오늘은 늦어도 좋습니다.
돌아가도 괜찮습니다.
가도 좋습니다.
늦어도 좋습니다.

3 당신이 가면 나도 간다.

▸▸ 생생 듣기 연습

① お宅 ② 行きたがって
③ 一緒に 来て ④ 奥さんが 一緒
⑤ はい、ありがとう ございます

▸▸ 실력 꾹! 꾹! 다지기

1. ① 遊び ② 細かい ③ 始める
④ 脱ぐ ⑤ 夏休み ⑥ 冬休み

2. ① 아무쪼록 ② 점심 때
③ 아내, 집사람 ④ 식사
⑤ 불꽃 ⑥ 함께, 같이

3. ① 아버지와 같이 가도 좋을까요?
② 아무쪼록 식사를 해도 좋습니다.
③ 이번 일요일은 집에 있을 작정입니다.

4. ① あした 一緒に 行っても いいですか。
② どうぞ お母さんと 一緒に 来て 下さい。
③ 日曜日なら 夜でも かまいません。

UNIT20 | 실력 테스트 문제 ❶

1. ③	2. ②	3. ④	4. ③	5. ①
6. ②	7. ①	8. ④	9. ②	10. ③
11. ①	12. ③	13. ②	14. ④	15. ③
16. ③	17. ①	18. ③	19. ①	20. ③
21. ②	22. ④	23. ①	24. ③	25. ②
26. ③	27. ②	28. ①	29. ④	30. ④
31. ②	32. ①	33. ③	34. ①	35. ②
36. ④	37. ③	38. ①	39. ②	40. ④

UNIT21 | 持ち出しては いけません

▸▸ 생생 회화

요시다: 이것은 좋은 잡지이군요. 이 잡지를 빌려도 좋습니까?
기무라: 아니오, 그것은 조금 곤란합니다.
요시다: 그렇습니까? 그러면 이 신문도 안 됩니까?
기무라: 예, 도서실의 신문과 잡지는 가지고 나가서는 안 됩니다.
요시다: 그러면 복사를 해도 좋습니까?
기무라: 예, 아무쪼록 하십시오. 복사기는 저기에 있습니다.
요시다: 고맙습니다. 곧 가지고 오겠습니다.

▸▸ 확실하게 이해하는 문법이야기

1 집으로 돌아가서는 안 된다.
놀러 가서는 안 됩니다.
오늘은 늦어서는 안 됩니다.

3 먹어서는 안 됩니다.
아무리 해도 소용없습니다.
곧 못쓰게 됩니다.

▸▸ 생생 듣기 연습

① 借りても　② 困ります
③ 新聞と 雑誌　④ コピーを しても
⑤ すぐに 持って 来ます

▸▸ 실력 꾹! 꾹! 다지기

1. ① コピー　② アパート
③ マンション　④ スピード
⑤ メモ　⑥ アメリカ

2. ① 学校に 遅れる　② メモを 取る
③ 作品に 触る

3. ① 도서실의 신문은 가지고 나가서는 안 됩니다.
② 아니오, 다리를 건너서는 안 됩니다.
③ 미안합니다만, 복사를 해도 됩니까?

4. ① この マンションを 借りても いいですか。
② はい、ここでは メモを 取っても いいです。
③ いいえ、作品に 触っては 困ります。

UNIT22 | 休んだ 方が いいです

▸▸ 생생 회화

손: 하라 씨, 오늘은 안색이 좋지 않군요.
하라: 예, 몸 상태가 조금 나쁩니다.
손: 어딘가 아픈 곳이 있습니까?
하라: 머리도 아프고, 약간 한기도 듭니다.
손: 감기가 든 것이 아닙니까?
하라: 아마 그럴 것이라고 생각합니다.
손: 그러면 일찍 집으로 돌아가서 푹 쉬는 편이 좋습니다.
하라: 저도 일찍 집으로 돌아가려고 생각하고 있습니다.

▸▸ 확실하게 이해하는 문법이야기

3 돌아가는 편이 좋다.
쉬는 편이 좋습니다.

4 내일 돌아가겠습니다.

▸▸ 생생 듣기 연습

① 具合　② 寒気も します
③ そうだろう　④ ゆっくり 休んだ
⑤ 早く うちへ 帰ろう

▸▸ 실력 꾹! 꾹! 다지기

1. ① かおいろ　② さむけ　③ ぐあい
④ れんらく　⑤ ちょうし　⑥ ぎじゅつ

2. ① の、が、の　② し、も　③ を、の

3. ① 오늘은 눈의 상태가 좋지 않습니다.
② 머리도 아프고, 약간 기침도 나옵니다.
③ 바로 연락을 취하는 편이 좋습니다.

4. ① どこか 痛い ところが ありますか。
② それでは、休憩を 取った 方が いいです。
③ 技術を 習った 方が いいと 思います。

UNIT23 | 飲まない 方が いいです

▸▸ 생생 회화

시미즈: 하 씨, 술을 마시러 나가지 않겠습니까?
하: 저는 괜찮습니다만, 시미즈 씨는 감기에 걸렸죠? 감기에 걸렸을 때에는 술을 마시지 않는 편이 좋습니다. 약은 먹었습니까?
시미즈: 예, 먹었습니다만, 좀처럼 낫지 않습니다.
하: 약을 먹어도 낫지 않을 때에는 병원에 가는 편이 좋습니다.
시미즈: 저는 몸이 튼튼하니까 병원에 가지 않아도 괜찮습니다.
하: 아니, 반드시 그렇지도 않습니다.

▸▸ 확실하게 이해하는 문법이야기

1 돌아가지 않는 편이 좋다.
쉬지 않는 편이 좋습니다.
2 밥을 먹어도 됩니까?
약을 먹어도 괜찮습니다.
3 상당히 재미있습니다.
좀처럼 오지 않군요.
4 또 꼭 오세요.
반드시 싸다고는 할 수 없습니다.

▸▸ 생생 듣기 연습

① お酒　② かぜを 引いて
③ 薬は 飲んだのですか　④ なかなか 治りません
⑤ 必ずしも そうでも ないのです

▸▸ 실력 꾹! 꾹! 다지기

1. ① 治る　② 必ずしも　③ 踊り
④ 丈夫だ　⑤ 上げる　⑥ 捨てる

2. ① ぼうしを取る　② 電話を 切る
③ かばんを 持つ

3. ① 하 씨, 댄스를 배우러 나가지 않겠습니까?
② 예, 쓰레기를 버리지 않는 편이 좋습니다.
③ 아니, 병원에 가지 않아도 괜찮습니다.

4. ① ぼうしを 取らない 方が いいです。
② かばんを 持たなくても いいです。
③ いや、必ずしも そうでも ないのです。

UNIT24 | 天気も いいので でかけました

▸▸ 생생 회화

이케다: 오늘은 도서관이 상당히 조용하군요. 여느 때보다 학생이 적군요.
다무라: 예, 오늘은 학교도 쉬고, 날씨도 좋기 때문에 모두 놀러 나갔습니다.
이케다: 다무라 씨는 날씨가 좋은데도 어째서 공부만 하고 있습니까?
다무라: 일전에 노트를 잃어버렸기 때문에 지금 아베 씨의 노트를 베끼고 있는 것입니다.
이케다: 아베 씨의 글씨는 예쁘기 때문에 읽기 쉽죠.

▸▸ 확실하게 이해하는 문법이야기

3 돈이 있는데도

▸▸ 생생 듣기 연습

① 図書館　② 少ないですね
③ 天気も いいので　④ 写して いるのです
⑤ きれいだから 読みやすいでしょう

▸▸ 실력 꾹! 꾹! 다지기

1. ① ので、に　② のに、ばかり
③ の、から

2. ① 일전에　② 볼일
③ 잃다, 없애다　④ 성적
⑤ 강하다, 세다　⑥ 심하다

3. ① 오늘은 여느 때보다 바람이 세군요.
② 볼일이 있기 때문에 밖으로 나갔습니다.
③ 성적이 나쁜데도 공부하고 있지 않네요.

4. ① 暇が あるので、遊びに でかけました。
② どうして 勉強ばかり して いますか。
③ 字が きれいだから 分かりやすいです。

UNIT25 | 働き過ぎなのに 大丈夫でしょうか

▸▸ 생생 회화

야마구치: 밤이 늦었는데도 미나미 씨는 아직 돌아오지 않는군요.

마에다: 정말 늦군요. 아! 아까 전화가 있었습니다. 오늘 밤은 일이 많아 사무실에서 철야하기 때문에 돌아오지 않는다고 말했습니다.

야마구치: 그렇습니까? 요사이 과로하는데 괜찮을까요?

마에다: 미나미 씨는 몸이 튼튼하니까 걱정은 필요 없습니다.

야마구치: 그렇군요. 저는 몸이 약하기 때문에 그것은 조금 무리라고 생각합니다.

마에다: 저도 약한 편이니까 서로 몸조심합시다.

▸▸ 생생 듣기 연습

① 電話 ② 徹夜する
③ 体が 丈夫だ ④ ちょっと 無理だ
⑤ 体に 気を つけましょう

▸▸ 실력 꾹! 꾹! 다지기

1. ① のに ② から、は ③ ので、を

2. ① こんばん ② 本当 ③ むり
④ 心配 ⑤ どうろ ⑥ 時間

3. ① 시간이 없어서 돌아오지 않는다고 했습니다.
② 요사이 과음하는데도 괜찮을까요?
③ 도로는 위험하기 때문에 조심합시다.

4. ① ああ、さっき 電話が ありました。
② それは ちょっと おかしいと 思います。
③ 事故が 多いから 気を つけましょう。

UNIT26 | 森田さんが 入院したそうです

▸▸ 생생 회화

후루야마: 오늘 처음 들었습니다만, 모리타 씨가 입원해 있다는군요.

가토: 저도 모리타 씨가 입원했다는 사실을 듣고, 깜짝 놀라고 있는 참입니다.

후루야마: 어떤 병인가요?

가토: 병이 아니랍니다. 산에서 다쳤다는군요.

후루야마: 어떤 상태인가요?

가토: 자세한 것은 모르기 때문에, 내일 문병하러 가 보려고 생각하고 있습니다.

▸▸ 확실하게 이해하는 문법이야기

1 내일은 비가 온다고 한다.
이 빵은 맛있다고 한다.
森田 씨는 성실하답니다.
아무도 먹지 않는답니다.

2 처음으로 일본에 갔다.
처음에는 몰랐다.

3 지금 수업이 시작될 참입니다.
지금 책을 읽고 있는 중입니다.
지금 막 돌아온 참입니다.

▸▸ 생생 듣기 연습

① 入院して ② びっくりして
③ 病気なのでしょうか ④ けがを したのだ
⑤ 見舞いに 行って みよう

▸▸ 실력 꾹! 꾹! 다지기

1. ① 初めて ② 詳しい ③ 見舞い
④ 笑う ⑤ 泣く ⑥ 若い

2. ① にゅういん ② びょうき
③ けっこん ④ しゅっせき
⑤ こうむいん ⑥ べんごし

3. ① 모리타 씨가 내일 참석한다고 합니다.
② 이 씨는 지금 웃고 있는 중입니다.
③ 그것은 그다지 중요하지 않다고 합니다.

4. ① 私も 今日 初めて 聞きました。
② 森田さんは 公務員だそうです。
③ 詳しい ことは よく 分かりません。

UNIT27 | このもち、おいしそうです

▸▸ 생생 회화

마츠모토: 이 예쁜 떡, 맛있을 것 같네요.
안: 예, 맛있습니다. 입에 맞을지 어떨지 먹어 보십시오.
마츠모토: 맛있네요. 안 씨가 만든 것입니까?
안: 예, 어머니에게 만드는 법을 배워서 제가 만들었습니다.
마츠모토: 만드는 것은 어렵습니까?
안: 처음에는 쉬울 것 같았습니다만, 실제로 해 보니까 어려워서 힘들었습니다.
마츠모토: 잘 먹었습니다. 이 이상 먹으면 살찔 것 같아요.

▸▸ 확실하게 이해하는 문법이야기

1 지금이라도 비가 올 것 같다.
이 빵은 맛있을 것 같다.
森田 씨는 성실할 것 같습니다.
아무도 먹지 않을 것 같습니다.

2 읽는 법
쓰는 법

3 왼쪽으로 돌면 보인다.

▸▸ 생생 듣기 연습

① おいしそうですね ② おいしいですね
③ 作り方を 習って ④ 難しくて 大変でした
⑤ これ 以上 食べると

▸▸ 실력 꾹! 꾹! 다지기

1. ① 太りそうだ ② 柔らかそうだ
③ 消えそうだ ④ 楽しそうだ
⑤ 咲きそうだ ⑥ うれしそうだ

2. ① 떡 ② 처음, 시초 ③ 실제로
④ 이상 ⑤ 곧, 금방 ⑥ 만드는 법

3. ① 이 예쁜 떡, 맛있을 것 같네요.
② 예, 어머니에게 읽는 법을 배웠습니다.
③ 이제 곧 불이 꺼질 것 같네요.

4. ① このパンは 大変 おいしそうですね。
② 始めは とても 楽しそうでした。
③ これ 以上 食べると、太りそうです。

UNIT28 | 遅くまで 起きて いるようです

▸▸ 생생 회화

모리타: 야마시타 씨는 매일 밤 늦게까지 자지 않고 있는 것 같군요. 철야를 하는 일도 있습니까?
야마시타: 아니오, 2시쯤까지 자지 않는 일은 있습니다만, 철야를 하는 일은 없습니다.
모리타: 어제 밤도 상당히 늦게까지 자지 않고 있었던 것 같은데요.
야마시타: 아, 어제 밤은 전등을 켠 채 그만 자 버린 것입니다.
모리타: 아무튼 너무 불규칙한 생활은 좋지 않겠지요.
야마시타: 예, 저도 되도록이면 일찍 자는 습관을 들이겠습니다.

▸▸ 확실하게 이해하는 문법이야기

2 지금 자고 있는 것 같다.
사과를 좋아하는 것 같다.
병이 난 것 같습니다.

3 구두를 신은 채로 들어간다.
그대로 먹어도 맛있다.

4 다음은 제가 읽겠습니다.
다음은 제가 읽겠습니다.

▸▸ 생생 듣기 연습

① 徹夜 ② 二時ごろ
③ 起きて いたようですね
④ 電灯を つけた ⑤ 早く 寝る 習慣

▸▸ 실력 꾹! 꾹! 다지기

1. ① まいばん ② 生活 ③ さんぽ
④ 見学 ⑤ けいば ⑥ 読書

2. ① 電灯を つける ② 習慣を つける
③ めがねを 外す

3. ① 아니요, 독서를 하는 일은 없습니다.
② 안경을 벗은 채 들어와 버렸습니다.
③ 너무 불규칙한 생활은 좋지 않겠지요.

4. ① 山下さんは 競馬が 好きなようですね。
② お酒に ちょっと 酔って しまいました。
③ くつを はいた まま 入って しまいました。

UNIT29 | かぜを 引いたらしいです

▸▸ 생생 회화

김: 요사이 장마처럼 비가 자주 내리는군요. 일기 예보에 의하면 내일도 비가 온다고 합니다.

마에다: 정말로 싫어요. 저는 어제부터 목이 아파서 견딜 수가 없습니다. 아무래도 감기가 든 것 같습니다.

김: 그것 참 안됐군요. 틀림없이 날씨가 불순하기 때문이지요. 그러면 일찍 집으로 돌아가는 편이 좋다고 생각합니다.

마에다: 김 씨는 아직 안 돌아갑니까?

김: 저는 좀 더 남아 있겠습니다.

마에다: 그러면 먼저 실례하겠습니다.

▸▸ 확실하게 이해하는 문법이야기

1 마치 인형 같습니다.
당신 같은 사람

2 버스가 늦어지는 것 같다.
그는 기분이 나쁜 것 같다.
몸은 튼튼한 것 같습니다.
저것은 바다인 것 같습니다.

3 아무래도 잘 모르겠습니다.
어쩐지 이상하군요.
정말로 고맙습니다.

▸▸ 생생 듣기 연습

① 天気予報　② たまりません
③ かぜを 引いた　④ 天候が 不順だ
⑤ それじゃ、先に 失礼します

▸▸ 실력 꾹! 꾹! 다지기

1. ① つゆ　② よほう　③ てんこう
④ ふじゅん　⑤ しつれい　⑥ こさめ

2. ① 싫다　② 목, 목구멍
③ 견딜 수 없다　④ 꼭, 반드시
⑤ 잠깐, 한동안　⑥ 소나기

3. ① 저는 요사이 외로워서 견딜 수가 없습니다.
② 아무래도 시험에 붙은 것 같군요.
③ 저는 좀 더 남아 있겠습니다.

4. ① 梅雨の ように 雨が よく 降りますね。
② 金さんは 気が 短いらしいです。
③ どうも かぜを 引いたらしいですね。

UNIT30 | どう 行けば いいでしょうか

▸▸ 생생 회화

사카이: 문 씨, 무역센터에 가려면 어떻게 가면 되겠습니까?

문: 이 길을 곧장 가서 세 번째 모퉁이를 오른쪽으로 돌면 좌측에 있습니다.

사카이: 걸어서 몇 분쯤 걸립니까?

문: 15분쯤 걸리겠지요. 무역센터에는 무슨 볼일입니까?

사카이: 친구와 약속이 있어서 2시까지 가지 않으면 안 됩니다.

문: 아, 그렇습니까?

▸▸ 확실하게 이해하는 문법이야기

2 밥을 먹는 데는 / 먹으려면

3 1시부터 10시까지 일한다.
15일까지 와 주십시오.

4 보지 않으면 안됩니다.

▸▸ 생생 듣기 연습

① どう 行けば　② まっすぐに
③ 右に 曲がる　④ 何の ご用ですか
⑤ 行かなければ なりません

▸▸ 실력 꾹! 꾹! 다지기

1. ① 曲がれば　② よければ
③ 故障すれば　④ 早ければ
⑤ 決めれば　⑥ 遅ければ

2. ① 貿易　② センター　③ 品質
④ 放送局　⑤ 正面　⑥ ドライブ

3. ① 방송국에 가려면 어떻게 가면 됩니까?
② 세 번째 모퉁이를 오른쪽으로 도십시오.
③ 이달 10일까지 전하지 않으면 안 됩니다.

4. ① 車が 故障すれば どう しますか。
② 左に 曲がると、右側に あります。
③ 十二時に 友達と 約束が あります。

UNIT31 | 雨が 降ったら どう しますか

▸▸ 생생 회화

이케다: 나카지마 씨, 다음 주에 부산의 해운대로 여행을 하지 않겠습니까?
나카지마: 좋아요. 경치가 좋은 해운대라면 가고 싶습니다. 송 씨는 어떻습니까?
송: 나카지마 씨가 간다면 저도 가고 싶습니다.
나카지마: 비용은 어느 정도 듭니까?
이케다: 1박해도 10만 원 정도 있으면 족할 것입니다.
나카지마: 만약 비가 오면 어떻게 합니까?
송: 비가 오면 가는 것을 그만둡시다.
이케다: 조금 정도 비가 내려도 갑시다.
나카지마: 예, 조금 정도라면 가 봅시다.

▸▸ 확실하게 이해하는 문법이야기

1 비가 오는 곳이 있습니다.
2 일본이라면 가고 싶습니다.
누나가 가면 나도 간다.
3 날씨가 좋으면 갑니다.
잘 보니까 吉田 씨였습니다.

▸▸ 생생 듣기 연습

① 行くなら ② どの くらい
③ 足りるでしょう ④ 雨が 降ったら
⑤ 少しぐらいなら 行って みましょう

▸▸ 실력 꾹! 꾹! 다지기

1. ① 足りる ② 止める ③ 決める
④ 眺め ⑤ 伝える ⑥ 十分だ

2. ① 景色が いい ② 費用が かかる
③ 大雨が 降る

3. ① 경치가 좋은 곳으로 여행을 하지 않겠습니까?
② 5만 원 정도 있으면 족할 것입니다.
③ 만약 큰 비가 오면 어떻게 합니까?

4. ① 眺めの いい 海雲臺なら 行きたいです。
② 費用は 十万ウォンぐらい かかるでしょう。
③ しょうちゅうを 飲むなら、あの 店が いいです。

UNIT32 | ばらの 花を やりました

▸▸ 생생 회화

야마구치: 아오키 씨는 결혼기념으로 부인께 뭔가 드렸습니까?
아오키: 예, 저는 아내에게 장미꽃을 주었습니다.
야마구치: 아오키 씨의 생일에 부인은 아오키 씨에게 뭔가 주셨습니까?
아오키: 예, 프랑스제 와인을 주었습니다.
야마구치: 부모님도 아오키 씨에게 뭔가 주셨습니까?
아오키: 예, 아버지는 스위스제 손목시계를, 어머니는 자신이 짠 스웨터를 주셨습니다.
야마구치: 선생님으로부터도 축하 물건(선물) 받았습니까?
아오키: 아니오, 선생님한테는 아무 것도 받지 않았습니다.

▸▸ 확실하게 이해하는 문법이야기

2 내가 친구에게 주었습니다.
내가 선생님께 드렸습니다.
3 친구가 나에게 책을 주었다.
선생님이 나에게 책을 주셨다.
4 친구에게 책을 받았다.
선생님께 책을 받았다.

▸▸ 생생 듣기 연습

① 結婚 ② ばらの 花
③ フランス製 ④ 自分で 編んだ
⑤ 先生からは 何も いただきませんでした

▸▸ 실력 꾹! 꾹! 다지기

1. ① お父さん ② おじさん ③ お兄さん

④ お姉さん　⑤ 奥さん　⑥ ご主人

2. ① りょうしん　② 記念
③ ごうかく　④ 自分
⑤ しゅうしょく　⑥ 土産

3. ① 취직 축하선물로 형님께 무엇을 드렸습니까?
② 저는 형에게 프랑스제 와인을 주었습니다.
③ 아오키 씨는 저에게 예쁜 시계를 주셨습니다.

4. ① お母さんは 青木さんに 何を 下さいましたか。
② 姉は 私に 赤い セーターを くれました。
③ おじからも お祝いの 品物を いただきました。

UNIT33 | 何か 手伝って やりましたか

▸▸ 생생 회화

기시 : 후쿠다 씨의 결혼식 때 이 씨는 뭔가 거들어 주었습니까?
이 : 예, 저는 안내장의 주소와 성명을 써 드렸습니다. 그리고 차로 후쿠다 씨를 호텔까지 바래다 드렸습니다.
기시 : 후쿠다 씨는 친절한 친구가 있어서 좋겠군요.
후쿠다 : 예, 모두가 여러 모로 거들어 주었기 때문에 도움이 되었습니다.
기시: 니시무라 선생님도 뭔가 해 주셨습니까?
후쿠다 : 선생님께서는 결혼식 때 (축하)인사를 해 주셨습니다.

▸▸ 확실하게 이해하는 문법이야기

1 책을 사 주었습니다.
자세히 설명해 드렸습니다.
2 나에게 책을 빌려 주었다.
나에게 책을 보내 주셨다.
3 짐을 차로 보낸다.
친구를 역까지 바래다 주다.
4 형이 사주었다.
선생님이 설명해 주셨다.

▸▸ 생생 듣기 연습

① 結婚式　② 案内状
③ 送って あげました　④手伝って くれた
⑤ ごあいさつを して いただきました

▸▸ 실력 꾹! 꾹! 다지기

1. ① あんない　② しんせつ
③ そつぎょう　④ せつめい
⑤ はっぴょう　⑥ せいり

2. ① 手伝う　② 編む　③ 送る
④ 探す　⑤ 助ける　⑥ 下さる

3. ① 졸업식 때 뭔가 거들어 주었습니까?
② 예, 저는 뭔가 도와 드렸습니다.
③ 여러 모로 설명해 주었기 때문에 도움이 되었습니다.

4. ① 福田さんは 親切な 友達が いて いいですね。
② みんなが いろいろ 手伝って くれます。
③ 西村先生には 整理を して いただきました。

UNIT34 | よく 母に しかられました

▸▸ 생생 회화

하라: 고 씨는 어린이 때 부모님께 꾸중 들은 적이 있습니까?
고: 예, 꾸중 들은 적이 있습니다.
하라: 어떻게 해서 꾸중 들었습니까?
고: 남동생이랑 여동생을 괴롭히고만 있다고 하여, 어머니께 자주 꾸중 들었습니다.
하라: 학창시절에 선생님께 칭찬 받은 적이 있습니까?
고: 예, 칭찬 받은 적도 있습니다.
하라: 무엇을 하여 칭찬 받았습니까?
고: 시험의 성적이 좋았기 때문에 칭찬 받았습니다.

▸▸ 확실하게 이해하는 문법이야기

2 선생님께 자꾸 꾸중을 듣는다.
언제 한국에 오십니까?
아침 일찍 일어날 수 있습니다.
여름방학이 기다려진다.

▸▸ 생생 듣기 연습

① 子供 ② 弟や 妹
③ 母に しかられました ④ 先生に ほめられた
⑤ 試験の 成績が よかった

▸▸ 실력 꾹! 꾹! 다지기

1. ① いじめられる ② 踏まれる
③ 取られる ④ ほめられる
⑤ かわいがられる ⑥ だまされる

2. ① 꾸짖다 ② 여동생
③ 괴롭히다 ④ 학창시절
⑤ 속이다 ⑥ 귀여워하다

3. ① 지하철에서 발을 밟힌 적이 있습니다.
② 남동생을 괴롭히고 있어서 아버지께 꾸중 들었습니다.
③ 시험 점수가 좋았기 때문에 칭찬 받았습니다.

4. ① はい、席を 取られた ことが あります。
② 友達に だまされた ことは ありますか。
③ 学生時代に よく かわいがられました。

UNIT35 | すりに 財布を すられました

▸▸ 생생 회화

노무라: 후지와라 씨, 매일 지하철로 통근하는 것은 힘들겠군요.
후지와라: 예, 그렇습니다. 특히 출퇴근 때는 힘듭니다.
노무라: 그렇겠군요.
후지와라: 가끔은 대단히 혼잡하기 때문에 등을 떠밀리기도 하고 발을 밟히기도 합니다.
노무라: 후지와라 씨는 불행한 일을 당한 적도 있습니까?
후지와라: 예, 있습니다. 일전에 혼잡한 지하철 속에서 소매치기에게 지갑을 소매치기 당했습니다.
노무라: 그것 참 불행한 일이었군요.

▸▸ 확실하게 이해하는 문법이야기

1 선생님께 꾸중을 듣는다.
여름방학이 기다려진다.
2 큰일이다. 불이다. 불이야.
밤 늦게까지 힘들겠군요.
대단히 기쁩니다.

▸▸ 생생 듣기 연습

① 地下鉄 ② ラッシュアワー
③ 背中を 押されたり ④ 財布を すられました
⑤ それは 災難でしたね

▸▸ 실력 꾹! 꾹! 다지기

1. ① たり、たり ② は、に ③ で、に

2. ① 特に ② たまに ③ すり
④ 火事 ⑤ 皆さん ⑥ 愛する

3. ① 그렇습니다. 특히 지진 때는 큰일입니다.
② 가끔은 여러분에게 찬성받기도 합니다.
③ 버스 안에서 소매치기에게 돈을 소매치기 당했습니다.

4. ① 地下鉄は たまに すごく 込んで います。
② 毎日 電車で 通学するのは 大変ですね。
③ 地下鉄の 中で ドアに はさまれました。

UNIT36 | 一時間ぐらい やらせます

▸▸ 생생 회화

다무라: 선생님은 선수에게 어떠한 연습을 시킵니까?
선생님: 처음에 언제나 간단한 체조를 시킵니다. 그리고 런닝을 시킵니다.
다무라: 선수들을 달리게 하는 것입니까?
선생님: 예, 다리랑 허리를 강하게 하기 위해서입니다. 다음에 전날 가르친 내용의 연습을 1시간 정도 시킵니다.
다무라: 선생님이 직접 가르치는 것입니까?
선생님: 대개 제가 가르칩니다만, 선배에게 후배를 가르치게 하는 일도 있습니다.
다무라: 그것도 좋을지도 모르겠군요.

▸▸ 확실하게 이해하는 문법이야기

2 무엇을 하고 있습니까?
남동생에게 책을 주었다.
3 여행을 위하여 돈을 모으다.

병 때문에 학교를 쉬었다.

4 내일 돌아올지도 모른다.
더 추울지도 모릅니다.

▸▸ 생생 듣기 연습

① 体操　② ランニング
③ 足や 腰　④ 教えさせる こと
⑤ それも いいかも 知れませんね

▸▸ 실력 꾹! 꾹! 다지기

1. ① 教えさせる　② 読ませる
③ 書かせる　④ 調べさせる
⑤ 笑わせる　⑥ 怒らせる

2. ① せんしゅ　② 作文
③ ちょくせつ　④ 意味
⑤ こうはい　⑥ 例文

3. ① 먼저 선생님은 학생에게 작문을 쓰게 합니다.
② 언제나 사전에서 의미를 찾게 합니다.
③ 손목이랑 발목을 강하게 하기 위해서입니다.

4. ① 先生は 学生に ランニングを させます。
② 毎日 練習を 一時間ぐらい やらせます。
③ たまに 学生達を 怒らせる ことも あります。

UNIT37 | 先生の 質問に 答えさせます

▸▸ 생생 회화

고가와: 선생님은 교실에서 학생에게 어떠한 것을 시킵니까?
후쿠다: 먼저 학생에게 일본어의 정확한 발음을 듣게 합니다.
고가와: 몇 번이나 듣게 합니까?
후쿠다: 물론 몇 번이나 반복해서 듣게 합니다.
고가와: 그리고 어떻게 합니까?
후쿠다: 교과서의 본문을 읽게 합니다. 다음에 선생님의 질문에 대답하게 합니다.
고가와: 작문도 시킵니까?
후쿠다: 작문은 숙제입니다. 교과서의 문장을 참고로 하여 집에서 쓰게 합니다.

▸▸ 확실하게 이해하는 문법이야기

1 교과서의 본문을 읽게 한다.
선생님의 질문에 대답하게 한다.

▸▸ 생생 듣기 연습

① 教室　② 日本語の 正しい
③ 先生の 質問　④ 作文は 宿題です
⑤ 参考に して

▸▸ 실력 꾹! 꾹! 다지기

1. ① ほんぶん　② しつもん　③ さんこう
④ おんがく　⑤ びじゅつ　⑥ しりょう

2. ① 正しい　② 答える　③ 続ける
④ 自然だ　⑤ 集める　⑥ 挙げる

3. ① 미술실에서는 학생에게 어떠한 것을 시킵니까?
② 먼저 학생에게 자연스러운 발음을 듣게 합니다.
③ 수업 때 학생에게 자주 예를 들게 합니다.

4. ① 日本語の 正しい 発音を 聞かせます。
② もちろん 先生の 質問に 答えさせます。
③ 教科書の 文を 参考に して 下さい。

UNIT38 | 何時ごろ お宅へ お帰りですか

▸▸ 생생 회화

후루야마: 이시이 씨는 어디에서 지하철을 타십니까?
이시이: 아카사카역에서 탑니다.
후루야마: 지하철을 타실 때마다 표를 사십니까?
이시이: 아니요, 정기권을 가지고 있기 때문에 탈 때마다는 사지 않습니다.
후루야마: 오늘은 몇 시쯤 댁으로 돌아가십니까?
이시이: 8시쯤 돌아가려고 생각하고 있습니다.
후루야마: 그러면 아직 시간이 있기 때문에 차라도 끓일까요?
이시이: 차라면 제가 끓이겠습니다.

▸▸ 확실하게 이해하는 문법이야기

2 읽으시다
3 읽으시다
오시다

4 언제 돌아가십니까?
5 기다리다
안내하다

▸▸ 생생 듣기 연습

① 地下鉄 ② お買いに なりますか
③ お宅へ お帰りですか ④ 時間が ありますから
⑤ お茶なら 私が お入れします

▸▸ 실력 꾹! 꾹! 다지기

1. ① 帰りますか → お帰りですか → お帰りに なりますか
② 発ちますか → お発ちですか → お発ちに なりますか
③ 着きますか → お着きですか → お着きに なりますか

2. ① 持ちます → お持ちします
② 訪ねます → お訪ねします
③ 紹介します → ご紹介します

3. ① 매일 어디에서 전철을 타십니까?
② 전철을 타실 때마다 신문을 읽으십니까?
③ 그러면 제가 소개하고자 합니다.

4. ① いいえ、乗る 度には 買いません。
② 私が 商品券を 持っています。
③ 石井さん、あした 何時ごろ お発ちに なりますか。

UNIT39 | 山田君、久し振りだね

▸▸ 생생 회화

야마다: 오가와 선생님, 참 잘 오셨습니다.
오가와: 야~, 야마다 군 오래간만이군.
야마다: 선생님, 그 동안 잘 계셨습니까? 실은 공항까지 맞이하러 갈 작정이었습니다만, 도착시간을 몰랐기 때문에 실례했습니다.
오가와: 아니, 비행기가 늦어서 말이야.
야마다: 공항에서 리무진버스로 오신 것입니까?
오가와: 응, 리무진버스로 왔지만, 길이 혼잡해서 늦어 버렸어.

▸▸ 생생 듣기 연습

① ようこそ いらっしゃいました ② その 後
③ お迎えに 参る ④ 失礼いたしました
⑤ 道が 込んで いて

▸▸ 실력 꾹! 꾹! 다지기

1. ① 겸 ② 존 ③ 겸
④ 겸 ⑤ 존 ⑥ 존

2. ① 到着 ② わりびきけん
③ 場所 ④ ひこうき
⑤ 空港 ⑥ しょうひんけん

3. ① 오늘 오가와 선생님이 오셨습니다.
② 그 장소까지 제가 안내하겠습니다.
③ 길을 잃어서 늦어 버렸습니다.

4. ① 皆さん、韓国へ ようこそ いらっしゃいました。
② やあ、山田君 本当に 久し振りだね。
③ 空港から バスで おいでに なったのですか。

UNIT40 | 실력 테스트 문제 ❷

1. ②	2. ④	3. ①	4. ②	5. ③
6. ③	7. ①	8. ④	9. ②	10. ③
11. ①	12. ③	13. ②	14. ④	15. ②
16. ④	17. ②	18. ④	19. ①	20. ③
21. ③	22. ②	23. ③	24. ①	25. ④
26. ④	27. ③	28. ②	29. ②	30. ④
31. ④	32. ③	33. ①	34. ②	35. ②
36. ②	37. ①	38. ④	39. ③	40. ③

E-BOOK CD 실행 가이드

1 E-BOOK CD가 자동 실행된 경우

① 학습하고자 하는 과의 보기 버튼을 클릭합니다.

② 예를 들어 1과를 학습하고자 하는 경우 **'1과 보기'** 버튼을 클릭합니다.

③ Espresso Reader 설치가 시작되고, **'동의하고 설치함'** 버튼을 클릭한 후 **'설치 시작'** 버튼을 누르면 설치가 진행됩니다.

④ **Espresso Reader 설치가 완료**되면 바로 **E-BOOK**이 열립니다.

2 E-BOOK CD가 자동 실행되지 않는 경우

본 CD는 자동으로 실행되도록 설계되었습니다. 그러나 컴퓨터에 따라 CD 드라이브 자동실행이 제한된 경우가 있으며, 이러한 경우에는 수동으로 실행해야 합니다.

▸▸ Active X 컨트롤을 제한하여서는 E-BOOK이 실행되지 않습니다.

▸▸ E-BOOK을 실행하기 전에 CD 안에 들어있는 Dps Agent.exe 파일을 실행하여 주십시오. 이 프로그램은 정품 CD를 확인하는 프로그램으로, 실행이 되면 작업 표시줄에 Dps Agent 아이콘이 생깁니다.

① **Dps Agent.exe 파일을 실행**시켜 작업표시줄에 아이콘인 생성된 것을 확인합니다.

② 윈도우 탐색기를 열어 **'내 컴퓨터'**를 선택합니다.

③ **'헌팅 일본어 초급'** CD 드라이브를 찾아 더블 클릭하거나, 마우스 오른쪽 버튼을 눌러 **'열기'**를 선택합니다.

④ 학습하고자 하는 과의 보기 버튼을 클릭합니다.

⑤ Espresso Reader 설치가 시작되고 **'동의하고 설치함'** 버튼을 클릭한 후, **'설치 시작'** 버튼을 누리면 설치가 진행됩니다.

⑥ **Espresso Reader 설치가 완료**되면 바로 **E-BOOK**이 열립니다.